子どもがおつかいに行ける社会

「挑戦の機会」を守る教育を!

神田 厚

幻冬舎ルネッサンス新書
255

はじめに

『はじめてのおつかい』（筒井頼子 作：林　明子 絵：福音館書店、１９７６年）という絵本があります。

出版からもうすぐ半世紀を迎える名作で、読者の皆様の中にも、手にした経験がある方がきっといらっしゃると思います。

私は自分の子どもに読み聞かせるために、図書館で借りて来たのが出会いでした。

赤ちゃんの世話に忙しいお母さんに頼まれて「みいちゃん」という女の子が、初めて１人で牛乳を買いに行くお話です。

お店までの途中も様々な困難が待ち受けているものの、最大の山場は小さな彼女に気付かないお店の人に対して、ありったけの勇気を振り絞って、

「ぎゅうにゅう　くださあい！」と叫ぶところです。

人生には勇気を持って踏み出さなければならない瞬間が必ずあります。

その「ドキドキの心境」を見事に表現した作品で、大人の私が読んでいても必死に困難に向かって行くみいちゃんに想い入れ、最後はホッコリとするお話です。

私は〝子どもに読んで聞かせるなら、自分が好きな話を……〟ということで、図書館に行っては絵本選びに夢中になりました。

そして、好きな絵本を読み聞かせるうちに、私自身が絵本のファンになって行ったのです。気に入った本と出合うと最初は子どものために買いましたが、２人の子どもの手が離れた今も、書店では絵本コーナーに足が向き、コレクションは増え続けています。かくして、私の自宅は「神田絵本館」と化し、保育の道に進んだ近所の女性が借りに来るほどです。

絵本は私にとって、単なるコレクションの対象に留まらず、仕事の道具にもなっていきました。

高校教師の私は、時には授業で、時にはホームルームで絵本を使って生徒に想いを伝えて来たのです。

そんなコレクションの中で、この『はじめてのおつかい』は、

〝初めてのことに、勇気を持って進んで行って欲しい〟

というメッセージを伝える役目を果たしてきてくれました。

更に、卒業生や転勤していく同僚への餞別としても、好んで贈ってきた絵本です。

同僚に、「お薦めの絵本は？」と聞かれたら、必ず紹介してきた絵本でもあるのですが、ある日、女性の同僚から意外な反応を聞いたのです。

「うちの子は、この話〝怖い！〟と言うんです」と……

ホッコリとするお話として紹介してきたつもりでしたので驚きでした。

初めてのことに踏み出す時のドキドキ感を、子ども心にしっかりと受け止めた反応だとは思うのですが、子どもの気持ちになって丁寧に読み直してみると、こんなセリフに気が付いたのです。

お母さんの、
「ひとりで　かってこられる？」との問い掛けに、
みいちゃんは、
「うん！　みいちゃん　もう　いつつだもん」

私自身、大人になってから読んだ絵本なので、主人公の年齢までは気にかけて来なかったのですが、主人公のみいちゃんは５歳だと言っているのです。

この絵本は『こどものとも』（福音館書店）という５～６歳向けに出された月刊誌で１９７６年３月１日に発表され、１９７７年に傑作集としてハードカバー化され増刷を重ねています。

まだ平仮名も習っていない幼児にとっては「読んでもらう本」であり、小学生にとっては「自読用」の役割を担い続けて来ているのです。

世に出た当時は、身近にありそうな日常を切り取った物語であり、幼児が感じたのは、自分たちがもうすぐ足を踏み入れる世界に対する「ドキドキと期待」。

小学生にとっては〝自分にもあんな瞬間があったな～〟という「回顧の共感」だったのではないでしょうか？

ところが今は、５歳の幼児が一人で外出すること自体、かなりレアな話であり、小学生が読んでも〝自分たちですら「やってはダメ」と言われていることを次々にやっていく……〟もはや「別世界の話」であり、子どもが〝怖い！〟と感じるのは納得してしまうのです。

ただ、その状態はまずいのではないでしょうか？

今の世の中は、子どもから「ドキドキ体験の場」を過度に奪っている気がしてならないのです。

私は36年間、高等学校で教師をしてきました。

最初の6年は東京都、残りの30年は三重県で公立学校教諭として働いて来ましたが、生徒がどんどん幼くなっているように感じるのです。

高校生と言えば、かつては人間的にもかなり成熟していました。

集会でも全体に向けて大人の話ができました。

ところが今は、まるで中学生を教えているような、手取り足取り状態……

そんな状況の中で、選挙年齢や成人年齢が逆に18歳に引き下げられたことに、とても違和感を覚えています。

高校の教師が中学生を教えているように感じるのですから、恐らく、大学の先生方は高校生を相手にしているような感覚に陥っているのでは？　と推察致します。

生徒はドキドキ体験の不足から、失敗や叱られることに慣れておらず、教師の側では壊れ物に触るような、当たり障りのない対応が学校教育を席巻していきました……

「安心・安全」は大事です。
でも、今の社会でこの言葉は、残念ながら「子どもに対して挑戦する機会を準備しないことの隠れ蓑」に使われている気がしてなりません。

『子どもの権利条約』をご存知でしょうか?
18歳未満の者の基本的人権を国際的に保障するために定められた条約で、１９８９年の国連総会において採択され、１９９０年に発効。日本政府は１９９４年に批准しました。
条約を批准すると国内法と同じ効力を持つことになります。
当時既に高校の教員だった私は、18歳未満の生徒をあずかる者として、この条約について学びました。当然、学校現場においても守らなくてはならない法律なのですから……

この条約では、子どもの権利を大きく次の４つに規定しています。

「生きる権利」・「育つ権利」・「守られる権利」・「参加する権利」

近年重視されている「安心・安全」は、「生きる権利」「守られる権利」を遵守するうえで重要です。ただ、今の日本社会はそこだけが独り歩きしてしまい、子どもの「育つ権利」「参加する権利」への配慮を忘れてしまったように思えてならないのです。

「育つ権利」とは、簡単に言えば「持って生まれた能力を十分に伸ばしながら成長できること」です。つまり、それぞれの成長段階と能力に応じた課題の提供が求められます。

私が本著で主題とする「おつかい」は、かつて子どもたちが生活の中で「育つ権利」を行使できる絶好の機会だったと考えています。ただ、今日は子どもの独り歩きが許されない道路事情や近所の個人商店の相次ぐ閉店などで、権利行使の場が確実に減っているのを実感します。

「参加する権利」とは、「自由に意見を言ったり、団体を作ったりできること」ですが、私が本著で話題にする「おつかい」は、保護者にやらされることではなく、子どもが主体的にやろうとするミッションを指します。やるやらないはあくまで子どもの意思に基づいているという原則をもとに、読み進めて頂けたらと思います。

読者の皆様は、子どもたちに、この2つの権利を行使する機会を作れていますか？

絵本が出版された頃のように買い物をして来るという体験は難しくても、それに代わるようなドキドキ体験の場を準備することは、子どもの成長には不可欠なものだと考えます。

私は本著を通じて、子どもが「育つ権利」「参加する権利」を行使できる機会の提供方法を考え、その取り組みを通じて、理想とする社会へのアプローチを語っていこうと考えています。

心温まる絵本の名作『はじめてのおつかい』を、〝怖い！〟と表現する現代の子どもの声。

これを警鐘と受け止め、私なりの考えをまとめていこうと思います。

本著が『子どもの権利条約』に規定する子どもの４つの権利の保障に、役立てて頂けたら幸いです。

【挿画】赤倉綾香（ソラクモ制作室）

子どもがおつかいに行ける社会

目次

第３章　化学変化

第4章 「子どもがおつかいに行ける社会」に向けて

第1章　おつかいとは？

1　真っ赤な手の豆腐すくい

日曜日の夕方、テレビで『サザエさん』を見ているとカツオがおつかいに行くシーンが出て来ました。

サザエが買い物を頼むと、カツオは「（遊ぶのに）忙しいから」と断って出かけるが、豆腐屋の移動販売を逃した裏のおばあさんに会い、商店街の豆腐屋さんにおつかいに行ってあげる。帰りにサザエとバッタリ出会い「外面がいい」と呆れられる……（作品№８２５３「カツオの外面」２０２１．６．13）

このお話の途中、豆腐屋さんにおつかいに行くカツオの手に、おばあさんから受け取ったボウルがあるのを見て、私自身のおつかいを思い出しました。

私は小学校4年生までを東京都世田谷区梅ヶ丘で過ごしました。（１９６３年生まれなので、ここからは１９７０年代の話です。）

世田谷でのおつかいの記憶は、父に頼まれてタバコ屋さんにハイライトを買いに行ったこと。ハイライトは当時、恐らく一番売れていた銘柄。

さすがに『はじめてのおつかい』のみいちゃんのように幼児ではなかったと思いますが、小学生が父親に頼まれてタバコを買いに行く……

今ではいろんな意味で考えられないおつかいですね。

買い物ではありませんが、父の忘れ物を職場に届けに行った記憶があります。

小田急線の梅ヶ丘駅から各駅停車に乗って８駅目の新宿駅へ。

そして地下道を歩いて父が勤める銀行の東口支店まで……

たぶん、小学校低学年の時だったと思います。

父が仕事に行っていたということは平日であり、学校は夏休みなどの長期休み中だったのでしょう。

私には５歳と８歳下の妹が２人いますが、恐らく、下の妹が母のお腹の中にいる状況で、私が行かざるを得なかったように推察されます。

小田急線の各駅停車は新宿駅の地下ホームに着きます。

そこからそのまま国鉄（現ＪＲ東日本）への乗り換え改札を通り、地下通路を突っ切り、国鉄の東口改札を出て地下道を迷わず父の支店まで行けたことは、我ながら〝よくできたな〜〟と思います。

たぶん冒険好きの私が「行く！」と申し出たのであり、これが実質私の「はじめてのおつかい」だったと言えます。

私が小学校5年生に上がる春に、神奈川県川崎市に我が家はマイホームを建て引っ越しました。

『サザエさん』のカツオは11歳が想定年齢のキャラクターなので、ちょうど彼と同じ年齢の頃です。

最寄り駅は小田急線の生田駅。梅ヶ丘駅から都心とは反対方向に11駅目の駅です。

東京の新宿から出ている小田急線は、多摩川を渡ると神奈川県川崎市に入ります。

この川崎に入って3つ目の駅が生田で、明治大学工学部・農学部の最寄り駅。

「農学部」の最寄り駅なのです！　どんな場所か？　わかって頂けると思います。

明治大学生田校舎の敷地は、かつての旧日本陸軍登戸研究所の跡地。

都心から離れた郊外の田舎に設けられた秘密の研究所でした。

中国経済の攪乱を狙って大量の偽札を印刷したり、アメリカに向けた風船爆弾を作っていた場所です。（明治大学構内には平和教育登戸研究所資料館があります。夏休みの自由研究等にお薦めです）

現在の生田は、農地とサラリーマンの住宅とが混在する町で、駅前には農協があり、今も農産物を直売する無人スタンドがいくつもあります。川崎市とは名ばかりで、都会のへりに残された、武蔵野の面影を感じさせる緑の町なのです。

その生田駅から川崎市営バスで5分ほど乗ると長沢団地というバス停があります。そこから歩いて5分ほどのところの家で、私は5年生以降を過ごしました。

さて、小学校高学年の私が専らおつかいに行ったのは、この長沢団地バス停を降りたところにある商店街。

ようやくバスがすれ違える幅の道路の両側に、魚屋さん、八百屋さん、肉屋さん、パン屋さん、酒屋さん、豆腐屋さん、金物屋さん、電気屋さん、クリーニング屋さん……などが軒を連ねていました。

当時のおつかいは、買い物カゴを持って行きました。

我が家の買い物カゴは長細いカゴに、手提げ状になるよう2つの取っ手が付いたもので、レジ袋がなかった時代は、どこの家にもありました。

昭和アニメの『サザエさん』でも、度々買い物カゴが登場します。

例えば大根1本買うと、八百屋さんには新聞紙を切って作った包み紙の束がぶら下がっており、それに包んで買い物カゴに入れてくれました。

店先には天井から小銭が入ったザルもぶら下がっており、これがレジです。

「はい、まいど！　１００万円のお預かりで50万円のお返し」

と威勢のいい冗談を交えてザルに１００円玉を放り込み、50円玉のおつりをくれました。

もちろんレシートなんて無いので、値段とおつりが合っているか？　確認し母に報告する必要があったのです。

卵も八百屋さんに買いに行きました。

パック入りではなく、八百屋さんの一角にそのまま積んであり、「10個ください」と言うと浅い茶封筒のような袋に数えながら詰めて、買い物カゴにそっと入れてくれる。

買い物カゴはパックに入っていない卵をそっと運ぶのに必需品でした。

ただ、バス通りから一歩入ったところは未舗装のジャリ道。

子どもなりに慎重に持って帰るのですが、躓かないように気を配ることで精いっぱいで、帰ると１つ２つ割れていることもありました。

当時は、買い物から帰ると母でも卵が割れていることがあったのです。

そうした時は、すぐに晩ご飯の材料として使い、無駄にはならなかったのですが、自分が買ってきて割ってしまった時には、やはり、ちょっと切ない気持ちになりました。

母は幼い妹２人に手が掛かるため、私は度々おつかいに行きました。

途中、大人に出会うのはいいのです！

「おつかい？　えらいね〜」と褒められるだけなのですが、カツオと同じ年頃となった私は、同年代の視線を意識し始め、おつかいを〝面倒くさい〟と思ったり、買い物カゴを〝カッコ悪い〟と思い始めていました。

現代のカッコいい折り畳み式のエコバッグがあれば、ポケットに詰め込んで手ぶらで行けたかも知れませんが、カラの買い物カゴをぶら下げて歩くのはどうも……

冒頭のアニメの中でカツオがおつかいを渋るのは、ただ単純に〝遊びたい〟というだけではなく、同級生のかおりちゃんや早川さんに見られたらカッコ悪い……

そんな気持ちも働いているように思うのです。

その点、食パンのおつかいは好きでした。

我が家の買い物カゴは食パンが入るような厚みが無く、手ぶらで行って手で持って帰って来る単品のおつかいとして頼まれたからです。

当時の大手製パンメーカーの食パンは、今のように切られて包装されておらず、焼かれた長方形の箱型の状態で近所の販売店に届けられていました。

それを店先で、一斤分を「4枚切り」「6枚切り」などと注文に応じてその場で切って提供されていたのです。

私は目の前でスライス機の幅を調整して切る作業を見るのが楽しみでした。

「サンドイッチ用」に耳を落とすのもスライス機でしたが、食べ盛りの子どもを3人抱えた我が家では耳を落としてもらうことは一度も無く、マシン操作を余分に見られないという点では残念でした。

さて、話はようやく豆腐屋さんに移ります。

それは、初めて豆腐屋さんにおつかいを頼まれた日のことです。

私の前に差し出されたのは、買い物カゴではなくボウル！

そう、台所用品のアルミボウルです。

買い物カゴより更にカッコ悪いので、私は強く抵抗しました。（カツオが嫌がる様子をご想像ください）

当時、豆腐は既に店先でパックに詰めて売られていたので、持って行く意味もわかりませんでした。

それでも、「いいから持って行きなさい！」と押し付けられ渋々家を出たのです。

豆腐屋さんの店先で、

「絹ごし1丁くださ〜い」と叫ぶと、ご主人が顔を出し、私が持っているボウルに目を留め、

「お、ボウル持ってきてくれたんだ！　ありがとうな！　さあ、貸してごらん！」とボウ

ルを受け取ると、内側をサッと水ですすぎ、豆腐が入っている水槽に近づき、素手で豆腐を掴んでボウルの中へ……

まるで名人の金魚すくいのような鮮やかさ！

どうしてあの柔らかい豆腐を掴めるのか？

見とれていると、「はい！　こいつはおまけ！」とアンコールでもう1回、半丁ほどの大きさの豆腐を掴んでおまけに入れてくれたのです！

恐らく、切る時に崩れてしまったのでしょう……

最後に、豆腐の上にはボウルを覆うように、白い紙を載せて渡してくれます。

帰途、私は〝やった～！〟と走り出したい気分でしたが、パックじゃないので落としたら大変！

ボウルを大切に抱えながらジャリ道をゆっくりと……

おまけでもらった半丁ほどの豆腐が、自分で初めて稼いだバイト代のように思えて嬉しかったものです。

以来、豆腐屋さんはパン屋さんと同様、好んでおつかいに行きました。

そして、自ら、「ボウル！」と要求して……

豆腐屋さんには、ご主人とメガネのおかみさんがいて、どちらも見事な豆腐すくいを見せてくれました。

真冬でも躊躇なく突っ込まれる真っ赤な手……

磯野カツオも、きっとあれを見ているに違いない！

※ボウルを持って豆腐屋さんに買いに行っていた頃は、豆腐包装のプラスチックゴミは出なかったのです。
もちろんレジ袋のプラスチックゴミも出ませんでした。

2　息子の「はじめてのおつかい」

息子の「はじめてのおつかい」は、幼稚園に行き始めた4月のこと。

絵本『はじめてのおつかい』のような買い物ではありませんが、親である私に頼まれて挑んだドキドキ体験。当時、彼は絵本の中のみいちゃんより1つ下の4歳でした。

私は父親の故郷である三重県の県立高校教員となり、津市に自宅を建て、妻と息子と3人で暮らしていました。

東京生まれ、神奈川育ちの私が暮らしたこともない三重に墓守りにやって来た、いわゆる「Iターン」。ここにも冒険好きの私の素顔が……私の両親は私が育った川崎の家に暮らしていました。

息子が入園したのは2年保育の公立幼稚園。

私立のように派手な鼓笛隊やひらがなを教えてくれるわけでもなく、外でひたすら遊ばせてくれるという教育が気に入って入園させました。

3年保育が主流となる中で、津市立幼稚園は「私立の経営圧迫をしない」との理由で3年保育には踏み切らず、そのジリ貧状態を何とか食い止めようと週1回程度『チューリップ教室』と称して、午前中に3歳児の無料教室を実施していました。

私は息子を連れてそこへ通い、園の良さが十分わかっての入園でした。

なぜ、県立高校教員の私が息子を連れて平日午前中の『チューリップ教室』に通えたかというと、勤務先が夜間定時制高校だったのです。

「イクメン」などという言葉もない時代で、男親の保護者など私以外にいませんでしたが、主婦の妻を差し置いて、私は息子とこの教室に通うことを楽しみました。

津市の公立幼稚園がジリ貧となってきていたのは、「2年保育」とともに「保護者が園への送り迎えをしなくてはいけないこと」も足かせとなっていました。

バスで送迎してくれる私立より、保護者の負担は遥かに大きい……

ただ、私には、幸いにも時間があったので『チューリップ教室』の時代から、息子と片道1キロほどの散歩を楽しみました……つまり、歩いて通っていたのです。

さて、息子が入園した4月早々、我が家に危機が……

第2子を妊娠中の妻が、お腹の子のトラブルで入院することになってしまったのです。

料理も洗濯も……まあ、何とかするしかないのですが、問題は息子です。

幼稚園へ送って行くことはできても、お弁当のある日は迎えに行く時間帯は既に勤務時間中。

たとえ迎えに行けたにしても、4歳児を一人残して夜の学校に働きに行けるとは思えず、川崎の両親に助けを求めました。

当時、母はパートに出ており、リタイアして家でブラブラしていた父が来てくれることに……かくして、男3代の奇妙な合宿生活がスタートしたのです。

父が来て、初めて幼稚園に登園する朝、私は息子に〝はじめてのおつかい〟を仕掛けました。

「じいちゃんを案内して幼稚園に行けるか？」と聞くと、

「うん！」と息子は元気よく私の提案に乗って来ました。

『チューリップ教室』で何度も歩いて通った道。

2人で行ってくれるようになれば、その間に私は家事ができる！

何しろ父は昭和一桁生まれ。専業主婦の母に家事一切を任せて働いてきた元企業戦士ですので、〝息子と一緒に居てもらうこと〟以外は、あてにはできませんでした。

ベランダで洗濯物を干しながら、元気に歩いて行く2人を見送ってしばらくしてから、自転車で後を追ってみたのです。

幼稚園まで2人の姿は見掛けませんでした。

父は送り届けてそのまま図書館にでも行ったのだろうと思い、門に立って園児を迎えている先生方に声を掛けました。

「おはようございます！　息子、来てますか？」

すると、先生方は笑顔で「まだですよ！」と……

「え～！」

猛スピードで自宅に引き返し、再び園までの道を脇道も見ながら辿ってみますが見当たりません。

真っ青になって自宅に戻ったところに、泣きじゃくる息子を連れて困惑しきった父が戻って来たのです。

幼稚園の場所を知らない父が、途中で「本当に幼稚園はこっちか？」と問い続けても頑として、「こっちだ！」と言って歩き続け、ついには泣き出してしまった……とのことでした。

どうやら彼は、園とは反対方向のバス停に向けて歩き出してしまったようでした。

恐らく、父が神奈川に帰るものと勘違いしてバス停に送って行こうとし、途中で気付いて引き返さずに幼稚園に行こうとしたのですが無理だったのでしょう。

２人には大変な想いをさせてしまいました……

その後、息子は父と２人での登園をトラウマのように引きずり、結局毎朝３人で歩いて幼稚園に行く羽目になってしまったのです。

※幼児にチャレンジさせるには、〝本人がやる気であること〟が大前提ですが、本人が「やる」と言っても、〝チャレンジの内容がしっかり理解できているのか？〟この確認は非常に重要です。

3　息子の「2回目のおつかい」

息子の「はじめてのおつかい」はトラウマを引きずる結果となってしまったため、朝の幼稚園への送りは、私自身がやらざるを得なくなりました。

朝・昼の食事の準備と片付け、息子を幼稚園に送って行って、その合間に妻の病院に顔を出して汚れ物を持ち帰って洗濯。2人分の夕食の準備をして学校に向かう……という、正に「シングルファーザー状態」の生活となったのです。

唯一の救いは自分の夕食。

定時制高校のバランスの取れた温かい給食を、生徒とともに食べられたことです。

息子の初めてのお弁当も、もちろん私が作りました。

目が回るような忙しさでしたが、不安を抱えて入院している妻の手前、気が張っていて乗り切ることができたのだと思います。

夜の学校から帰って来たある晩。

いつもは流しに山積みになっている夕食の食器が、全て洗ってあったのです。

この光景を目にした時、嬉しさよりも、余裕のない私の姿が〝いよいよ父にこんなことをさせてしまったのだ……〟という罪悪感に似た想いが心に湧いたことを覚えています。

そんなある日、シングルファーザーを1つ目の波が襲ったのです。

午前中にインターホンが鳴り、玄関を開けるとサンダル履きのハルさんが立っていました。

ハルさんは定時制の生徒で、私より年上のおばちゃん。旦那さんが隣町の漁協の組合長だったか?

「ほい！　先生！　初ガツオだよ」カツオ1本私の手の中に残し、颯爽と去って行った。

居間で新聞を読んでいた父に、
「カツオもらった！」とピチピチの1本を精一杯の笑顔で見せて流しに置いたのですが、
父の目は〝お前、それをさばけるのか？〟と言っていました。
私だってカツオを1本、手に持つことさえ初めてだったのですが、父に不安は見せられませんし少なくともアジはさばいたことがある私が、腹をくくってやるしかないのです！

私は、いかにも普段からもやっている風を装い、

〝とにかく3枚におろして更に背と腹に割ればいいのだろう〟と包丁を入れました。

今のようにネットで調べられる時代ではなく、かなり格闘しました。

でも、どうにか食卓に上げることができたのです。

まさかこの歳で高校教師の息子がさばいた初ガツオの刺身を味わえるとは、父も思って

いなかったでしょう。

私にとって、内心ドキドキの「はじめてのおつかい」ならぬ「はじめてのカツオさばき」でした。

第1波を何とか乗り越えた私に、次なる波が……

息子がおたふく風邪にかかってしまったのです。

幼稚園への送り迎えは不要となりましたが、母親が居ない状態で、通い始めたばかりの幼稚園をしばらく休まなくてはならなくなった息子。

そんな彼が不憫で、毎晩帰って来ると一緒の布団で添い寝をしていたのです……

数日すると、心なしか私の耳下腺が腫れて来たのです。

私自身は幼少の頃、おたふくにかかっています。

ホッカムリのように白い布を巻いて耳下腺を冷やしている写真が残っていたので免疫は万全！　のはずでしたが……

病院に行くと、「学校に出勤してはいけない」とドクターストップ！

どうやら、子どもの頃に罹患していても万全とは言えないらしいのです。

無理が祟って免疫力が低下し、感染してしまうことはあるそうで、自らの状況に納得しました。

遂に第3波は、主夫である私自身の身の上に……

この状況を目の当たりにした昭和一桁の父は、遂に観念して川崎に救助要請の電話を掛け、母がパートを休んでやってくることになったのです。

男3代の合宿最後の朝、先にかかった息子は回復して登園の許可が出ていたのですが、私はまだ自宅療養中で幼稚園に送って行ける状態ではありませんでした。

父と2人での登園にはトラウマがあり、〝やはり、休ませるしかないか……〟と考えましたが、そこで私は、息子の背中を押す一芝居を打ったのです。

枕元に息子を呼んで、まるで遺言でも告げるように辛そうな口調で……

「父ちゃんは熱で起き上がれない！
父ちゃんに代わってじいちゃんを案内して幼稚園に行ってくれるか……」

これを聞くと息子は真剣な表情で、

「わかった。父ちゃん！　ゆっくり寝ていて！　じいちゃんはちゃんと案内するから！」

と即答。

しばらくすると、

「いってきま～す！　ちゃんと寝てるんだよ～！」と大きな声を残して玄関のドアが閉ま

りました。

〝昼には母が到着する！〟

私は布団の中でニンマリすると、洗濯もサボって久し振りの朝寝を満喫したのです。

※〝自分がやらねば……〟と納得できる状況が、子どもを成長させるのです。

4　娘の偽札事件

娘（息子の5歳年下）が幼児の時のエピソードです。

当時私は、自分の晩酌用のビールを近所の酒屋さんに自転車で買いに行っていました。

私の両親と同世代ぐらいのご夫婦が営む、小さな個人商店で、子どもが生まれる前から通っていた馴染みのお店でした。

休日、その酒屋さんにビールを買いに行くのに、娘をよく自転車の後ろに乗せて行きました。

田圃の中を、ゆっくり走っても10分ほどの距離。

自転車の前カゴにはビールの空き瓶。これが、帰りはビールが入った瓶に……

店先に着くと、先ずは娘を自転車から降ろします。私が前カゴの空き瓶を降ろす間に、娘はサッサとガラスの入った木戸をガラガラと開けて店に入り、

「こんにちは～」と奥に声を掛けるのです。

私が空き瓶を入れた布袋を抱えて、お店のカウンターに着く頃には、ご夫婦が顔をそろえているのです。


私が1人で行った時は、たまたま店番をしていたどちらかお一方の接客ですが、娘の「こんにちは～」が響いた時には、たとえおかみさんが奥の台所に立っていても、旦那さんが、「お～い！」と奥に声を掛けてお2人がそろうのです。

逆も同じで、おかみさんが声を掛けて、旦那さんがイソイソと現れる場合もありました。

つまり、ご夫婦にとって娘は目を細めて迎える「小さなお客さん」だったのです。

買うのは前カゴに載る分だけのビールだけなのですが、時には、娘にとびきりのオマケを用意していてくれることも……

ある日のこと、ビールの代金を払うために財布からお札を出そうとする私の下から、娘の小さな手が、

「はい！　お金！」とおかみさんに差し出されたのです。

手に握られていたのは、ピンク色のワンコ銀行のお札。

かわいい犬の肖像画が印刷してあり「壱兆円」の漢字とともに1の横にゼロが12個、圧倒的な存在感で並んでいるおもちゃのお札です。

〝こんなものを握って付いてきていたのか……〟とびっくりしました。


さて、差し出されたおもちゃのお札を、おかみさんは背をかがめて受け取り、

「わ～　すごいね～　壱兆円札か！」

と表裏をひっくり返してしっかりと眺めた後に、何とおっしゃったと思いますか？

これが正に「神対応」なのです。


おかみさんは、本当に申し訳なさそうな表情で……

「ごめんね～　こんなすごい金額のお札では、おばちゃんのお店には、おつりがないのよ～」

かくして、娘の偽札行使事件は、未遂で幕を閉じたかと思われましたが、妻の証言により、その後、別の場所での偽札行使事件があった事実が発覚したのです。

娘は幼稚園の年長の冬休みに、ヌック水腫の手術で大学病院に入院することになったのです。

母親のお腹の中にいるときに、腹膜が鞘状に飛び出したものが引っ込まずに残った状態

になることがあるそうです。その突起に腸などが入るとヘルニアになるのですが、水が溜まると水腫になるのです。
何れも小児によくある症状だそうで、外科的に切除する簡単な手術とのことでした。

さて、当時の我が家のブームは手塚治虫の『ブラック・ジャック』。（秋田書店、１９７３年〜１９８３年）
私が小学生時代に『週刊少年チャンピオン』に連載されていた漫画で、学校帰りに夢中で立ち読みしたものです。
大人になってから文庫本サイズの全集が出て、我が家の本棚には全巻揃えてありました。
それを、夢中で読む小学生の息子の横から、字が読めない幼稚園児の娘も一緒に覗いていたのです。

主人公のブラック・ジャックは無免許外科医。
匙を投げられた患者も、天才的な外科手術の腕で救っていくヒューマンストーリー……
ただし、要求する手術料が「５千万円」と半端じゃないのです。

手術が決まった時に、娘は子ども心に〝大変だ！〟と感じたのでしょう。

兄に手伝ってもらって密かに偽札を作り……

次の診察日に持参して、診察室で主治医に手渡したらしい……恐らく、5千万円ぐらい。

現場に居合わせた妻の証言によると、

「さすが小児科の先生！　自然に娘の手から受け取ってくれたのよ！」とのことです。

※〝大人がやっていることを見よう見まねでやってみる〟

これは子どもの成長に欠かせない大切な冒険ではないでしょうか？

そこに、家の外側の人々が阿吽の呼吸で関わってくださる。

こうした第3者とのコミュニケーションを通して子どもは自信を持ち、成長していくと私は思うのです。

5 『はじめてのおつかい』で高校生に伝えたこと

2012年2月22日、商業高校で2年生の担任をしていた私は、自分のクラスの授業で『はじめてのおつかい』を読みました。

科目は『簿記』。

恐らく大部分の読者の方には馴染みのないものでしょう。

私も大学の商学部に入学して初めて学んだ科目で、商業科の専門科目の1つです。

『簿記』では今日の企業会計を支えている複式簿記を教えます。

簡単に言えば会社のお金の出入りを記録・計算・整理して、会社の経営成績（いくらもうかっているのか？）や財政状態（財産がいくらあるか？）を明らかにする世界共通の手法です。

「ビジネス界の共通言語」とも言われる『簿記』は、外国語と同様に、その理解度を保証する検定試験があります。

この検定試験の中で一番存在感を示しているのが、日本商工会議所が主催する『日商簿記検定』。

恐らく、書店に並んでいる受験対策本の90％以上が日商簿記をターゲットにしたものでしょう。

しかし、このメジャーな検定試験を商業高校では最初の目標とはしません。

高校で使っている教科書に準拠した出題ではないことと、試験が高校生の学校生活に必ずしも都合のいい日程ではないからです。

商業高校では生徒の理解度の目安として、全国商業高等学校協会が教科書に準拠して実施する『全商簿記検定』を使っています。試験日は毎年1月の第4日曜日という点でも、年度の学習成果を測るのに最適な場なのです。

さて、2月22日の『簿記』の授業は1月末の検定試験も終え、合格発表も済んだ後で、当該学年の学習範囲も完全に終わっている状況でした。

更に、前の週には、高校時代の最大のイベントである沖縄への2泊3日の修学旅行も終えていました。

ここで簿記の復習を重ねるよりも、担任として彼らに伝えるべきことがあるのでは？と考えた末に選んだのが『はじめてのおつかい』を読むことでした。

この絵本を取り出した時、生徒から期せずして、「やった～！」という声が……

高校生に絵本を取り出して、「やった～」と言わせることができたのは、かなり嬉しかったです。（〝授業よりもまし！〟という意味だったかも知れませんが……）

私がこのクラスで絵本を読むのは6冊目でした。

もうすぐ学年末考査。

それが終わるとクラス替えをして、いよいよ進路選択の3年生に進級していく……

そんな彼らに、私はこの絵本を通して〝人生には勇気を持って踏み出さなくてはいけない瞬間がある！　未知のことに勇気を持って踏み出して行って欲しい……〟というメッセージを伝えたのです。

これだけなら、小学生にも伝えられるので、私は高校生用に更に２つメッセージを追加しました。

実際には、読んだ日に配布したクラス通信でのフォローだったので、その文章を抜粋して紹介します。

さて、この本は実は私にもう１つメッセージを伝えてくれます。

『失敗が許されるのは最初だけ！』

みいちゃんは、お母さんの注意事項の１つだった「おつりをわすれないこと」を忘れてしまいます。初めての仕事というのは、実際にはこんなものです。「ここに気を付けなさい」と言われたことを、えてして失敗してしまうものです。でも、最初はそれが許されます。

絵本でみいちゃんは、おつりを受け取らずに店を後にしてしまいます。

そして、追い掛けて来た店のおばさんに呼び止められて、おつりを受け取ります。

このシーンをもとに高校生に、

〝新しいことへのチャレンジは、完璧にできることなんてマレなんだ！
むしろ誰もが失敗して、それを通して成長していくんだよ！〟と伝えたのです。

次にもう1つ、ラストシーンの1枚の絵について……

絵本の最後には坂の下まで赤ちゃんを抱いたお母さんが、心配して迎えに来ています。結局お母さんは自分で買いに行った方がよっぽど確実なのです。しかし、あえてみいちゃんに頼むのは一人前の人に育てるためであり、手間が掛かることを承知で頼んでいるのです。そのことに気付かずに、いつまでもお店の人やお母さんの世話になり続けていたら、みいちゃんは大人になれないのです。

真弓さんが放課後、君たちが帰った30分後ぐらいに、廊下をモップ掛けしてみえることを知っていますか？　残念ながら、今の我々の掃除は、ほこりを舞い上げているだけで、そのほこりが落ちて来る頃を見計らってモップを掛けてみえるのです。これではみいちゃんのおつかいと一緒では？

真弓さんがモップ掛けをしないで済むような、本当にきれいになる掃除……私たちの課題ですね。

真弓さんという方は、この学校の用務員のおじさんです。

クラブ活動が盛んだったこの学校は、放課後の掃除を勢いで片付けて、それぞれのクラブ活動に走っていく……という元気な学校でした。

明るく元気な生徒たちに、

〝実は君たちも今、みいちゃんのようにフォローしてもらっているんだよ！〟

〝そこを何とかしていかないか？　大人になるために……〟と問いかけたのでした。

その後、掃除が丁寧になったことは言うまでもありません。

掃除の時間に、「先生、私もあの本持ってる！」とか、「先生が読んでくれた晩にテレビで偶然あの本のことやってたよ！」なんて教えてくれた生徒もいました。

そして3月、私の転勤が決まってしまったのです。

つまり、彼らの卒業を見送れずに別れがやってきたのです。

あの日、簿記の授業をせずに『はじめてのおつかい』を読んでおいて、心から良かったと思ったものです。

6　母の御遣い

母から、夏になるとよく聞かされたエピソードがあります。

母が小学3年生の頃というので、終戦の翌年頃のことだと思います。


私の母は1938年（昭和13年）生まれ。

愛知県海部郡立田村（現：愛西市）の農家の離れに一家で暮らしていました。

戦争で祖父は亡くなり、未亡人の祖母の元に母を含む5人の子どもが残されました。

その5人兄弟の真ん中が母です。上に姉・兄、下に妹・弟がいました。


夏のある日、遠い親戚の兄弟が訪ねて来たそうです。高校生の男の子とその兄。

2人は井戸で冷やしたスイカを美味しそうに食べると、近くの木曽川に、「泳ぎに行く」と言って出かけて行きました。


暫くすると、木曽川で子どもが溺れたと、村中が大騒ぎとなったそうです。

亡くなったのは、ついさっき目の前でスイカを食べて出て行った高校生……

恐らく、それだけでも幼心に十分ショックな事件だったと思われますが、有無を言わせぬ事態が発生するのです。

母は、名古屋の親戚にこの事故を知らせる「使い」に出されることになったのです。

当時は電話など各戸に普及していません。ましてや自家用車など……

人が出向いて行って、このことを伝えるしか術が無かったのです。


兄弟の家は隣の津島という町で、そこへは大人が連絡に行ったのでしょう……

しかし、その他の親戚にも手分けして連絡しなくてはなりません。

母は、こんな重要なおつかいの一端を担わざるを得ない状況になってしまったのです。

子どもの足で歩いて30分ほどの佐屋駅から名鉄に乗って3駅先の弥富まで行き、そこで近鉄に乗り換えて名古屋方面へ8駅。そこから更に30分ほど歩くという道のりです。


母の暮らしていた立田村はレンコンの産地で、田圃の中に農家が点在する典型的な農村でした。

普段の生活の中で、恐らく村の外に出ることのなかった小学3年生にとって、1人で電車に乗ること自体が大冒険だったに違いありません。

更に、伝えに行く事態の深刻さ……


母は不安と緊張のあまり降りる駅を間違えてしまったのです。

黄金駅が最寄りでしたが、隣の米野駅で……

漢字で書けば全く違うのですが「こがね」と「こめの」。

音で覚えていた小学生にとって……この駅が隣り合わせだったのは酷でした。

母は見慣れぬ風景の中、親戚の家の方向に見えていた「火葬場の煙突」だけを唯一のたよりに、ただただ歩き続け、ようやくたどり着いた時には涙で言葉も出ず……という状態だったそうです。

この話は夏になると度々母から聞かされました。

暑い季節になると心細かった気持ちを思い出して、吐き出していたように思います。

だから私の心にも残ったのでしょう。

「訃報を伝えに行く」という行為は平仮名の「おつかい」ではなく、漢字で「御遣い」と書くべき行為であったように思います。

終戦直後のおつかいは、子どもにとって、いきなり大人並みの仕事を要求される厳しいものであったと言えます。

第1章　まとめ

挑戦の場を失った子どもたち

『おつかいありさん』（関根榮一作詞、團伊玖磨作曲）という有名な童謡があります。

あんまり　いそいで　こっつんこ
ありさんと　ありさんと　こっつんこ
あっちいって　ちょん　ちょん
こっちきて　ちょん

あいたた　ごめんよ　そのひょうし
わすれた　わすれた　おつかいを
あっちいって　ちょん　ちょん
こっちきて　ちょん

視線の低い幼児にとって、身近な存在のアリ。

そのチョコチョコと歩く様子を、おつかいに行く子どもと重ねた童謡で、１９５０年（昭和25年）に発表されました。

終戦から5年の日本は、多くの働き手を失った混乱期だったと言えます。

そして今よりも遥かに多い兄弟がいる家庭において、年長の子どもがおつかいに行く姿は、アリと同様に珍しい姿ではなかったのでしょう。

今では、アリはまだまだ幼児の身近な存在ですが、おつかいに行くお兄さんお姉さんたちの姿は街で見掛けません。

そんな現代で、この童謡はすたれてしまったのかというと、そんなことはないのです。

動画投稿サイトを覗くと、新しい手遊び動画が続々と投稿されており、今も保育の場で盛んに歌われていることがわかります。

ただ、子どもたちにとって、歌詞の中の「おつかい」は意味不明の単語であるに違いありません。

そもそも「おつかい」とは何でしょう？

私が持っている辞書には〝おつかい〟という言葉は載っていません。

「つかい」を引いてみると、漢字は「使い・遣い」とあり、第一義的には「人の用事を足すために、目的の場所へ行くこと。また、その人。」という意味があるようです。

それも、「国王の遣い」などのように、目上の人の用を足すという意味合いが強い言葉のようです。

接頭語としての「御」を付けた「御使い・御遣い」は動作を表す場合は美化語、人を指す場合は尊敬語として扱われる言葉のようです。

ただ、平仮名で表現する「おつかい」は、「つかい」に「お」が付いた言葉というより、既に「おつかい」という名詞として独り歩きしている言葉のように思えます。

童謡『おつかいありさん』の中に登場する「おつかい」は、絵本『はじめてのおつかい』の中の「おつかい」と同様に、「親の依頼で買い物に行く」ということを指しているように思います。

アニメの『サザエさん』や、広く一般社会においても同様の意味で使われているように感じます。


「親の依頼で買い物に行く」という「おつかい」は、食器を洗うとか洗濯物をたたむといった家事手伝いの一部ではありますが、家の外側で第3者との触れ合いがあるという点で、明らかに他の手伝いとは性質が異なります。

子どもにとって小銭を持って近所のお店に買い物に行くという行為は、人生最初の消費者教育実践の場であり、お店の人とのやり取りはコミュニケーション能力を養う場と言えます。

事実、私自身はおつかいに行った八百屋さん・豆腐屋さん・パン屋さんなどのそれぞれの店主と、知らず知らずの間に親を介さぬ直接的な人間関係を築いていました。

例えば、前出の『サザエさん』のカツオが、移動販売を逃した裏のおばあさんに代わって豆腐を買いに行ってあげるのも、カツオには普段行っている馴染みの豆腐屋さんがあるのだと思います。

馴染みのお店があるので、安請け合いできるのです。

カツオのことだから、恐らく豆腐屋さんでは、

「今日は裏のおばあさんのおつかいです」とちゃっかり宣伝。

すると、「カツオくん、えらいね～」と豆腐屋さんのカツオに対する評価が上がります。

他人に褒められるのは嬉しいものです。

次に、サザエにおつかいを頼まれた時には、カツオは豆腐屋さんには進んで行くのではないでしょうか?

家の外側の第3者である豆腐屋さんが絡むことによって、カツオは家の中にいるよりも背伸びをして成長していくのです。

そう、「おつかい」とは子どもたちにとって、身の回りに自然と準備されていた貴重な成長の場であったに違いありません。

今日、子どもの「おつかい」という行為がほとんど見られなくなってしまいました。身近な個人商店が次々に閉店して行ったり、道路事情が子どもの独り歩きを許さなくなったなど、地域によって様々な原因が考えられますが、かつてのように、子どもがおつかいを担わなくても、問題なく家庭生活が営まれている状況になっていることには違いありません。

そのことは、家庭生活という面では特に問題がないようにも映るのですが、担っていた子どもたちにとって「貴重な成長の場が失われた」ということが見落とされているように思えてならないのです。

子どもたちに「育つ権利」・「参加する権利」を保障するには「おつかいに代わる挑戦の場」すなわち「第3者の目があるところで、大人と同じ行為に子どもが挑戦できる場」を意識して提供する必要があると私は思うのです。

次章では、「人は人に見られることで成長する」という事例を追っていきます。

にこにこ豆腐店

第2章　人に見られるから背伸びができる

1　おねしょの克服

２０１９年1月、千葉県野田市で小4女児が両親から虐待を繰り返され亡くなりました。

寒い中、風呂場で冷水シャワーを浴びせていた行為について、父親は、「おねしょをするのでしつけた」と供述したそうです。

私は、辛い気持ちでいっぱいになりました。

私は、小学校高学年までおねしょをしていました。

おねしょをした寒い冬の朝などは、石油ストーブに当たって着替えながら、母の体験談を何度も聞いたものです。

冬の朝、「外に立っとれ！」と祖母に怒鳴られたエピソードです。

私は後始末を担う母が経験者だったので、幸せなことに一度も怒られた記憶がありません。

寒い冬の朝、「外で立っとれ！」と声を荒げた祖母の当時の状況は、出征した夫（祖父）をビルマ（現在のミャンマー）で失い、手元には5人の子どもが残された……

この5人の子どもを女手一つで育てるために、名古屋に働きに出ていたのです。

私の母は、その5人兄弟の真ん中。出勤の朝など、祖母は母にはむしろ下の2人の面倒を見てくれることを期待したはずです。

そんな、冬の朝にやらかした母のおねしょなのです。

感情的に怒ってしまったのも頷けます。

恐らく、母も子どもながらにいっぱいいっぱいの状況を理解し、祖母の手を「またしても自分が煩わせてしまった」という〝申し訳ない〟という思いと〝自分自身が情けない〟という気持ちが交錯し、時を経ても思い出される「切ない思い出」となっていったように思えてならないのです。

皆様の周りにも、子どものおねしょで悩んでいる方はいらっしゃると思います。

ご夫婦ともに経験が無い場合は、特に心配が大きいと思いますが、そうした方々の参考になればと思い、私の体験を振り返ります。

おねしょをする子どもが〝今日もしてしまうのではないか……〟と不安に思いながら床に就くと、その子はやがて夢を見ます……

夢の中で、仲間と思いっきり遊ぶのです。田圃で泥んこになったり、川で魚を取ったり……

そう、川で魚を追いかけていた仲間が尿意を催します。

川から上がると亀がいて、おしっこを掛けると驚いて頭を引っ込めます。

それが面白くて、仲間と川から上がって自分もおしっこを掛ける……

やがて目を覚ますと布団はびしょ濡れ……といった昔話。

つまり、夢の内容と体が連動しておしっこをしてしまうという話ですが、これは本当なのです！

全てではありませんが、私もこうした夢を見ました。


おねしょは「夢」と「尿意」という生理的な信号が混信し、身体が反応して放尿してしまう現象のように思えるのです。

成長すれば、身体が成熟し、溜めておく膀胱の容積も大きくなるので自然と治る……という物理的な要因もあるとは思いますが、脳も成熟し「尿意」を「これは現実の身体信号である」と認識できるようになり、混信が起きなくなるのではないか？　と思います。


歳を重ねると、膀胱の柔軟性が低下し頻尿になります。

かつては頻繁に混信を起こしていた私の脳も「尿意」をきちんと「生理現象の信号だ！」と認識し、今は夜中にトイレに起きなくてはならなくなってしまいました。

これが経験者としての私の仮説です。

今、おねしょをするお子さんが目の前にいる方は、感情的に怒るのをじっと堪えて、「どんな夢を見たの？」と尋ねてみて頂きたいのです。

書き留めておけば、学会で発表できるような記録になるかも知れません！

どなたか、私の仮説を証明して頂けないでしょうか？

さて、せっかくですので私の体験談を続けます。

私は幼稚園から小学校４年生までを、東京の世田谷で過ごしました。

父は三重、母は愛知の出身で、親戚もほぼこの２県に集中し、転勤族の我が家だけがポツンと東京に……

そんな状況でしたので、長期の休みになると東海地方に家族で度々里帰りしました。

正月やお盆のテレビニュースで流れる新幹線ホームの光景が、私の家族の光景でした。

私が小学校に上がった年の夏休みのことです。

私が〝行きたい！〟とねだったのか？

幼い妹たちの世話で手一杯だった母が頼んだのか？

定かではありませんが、私が１人で母方の祖母の家に行くことになったのです。

「１人で」と言っても、母が東京駅でひかり号に乗せ、祖母が名古屋駅で迎える。

途中の停車駅も無い、かなり安全に配慮した旅でしたが、1年生の私にとっては大冒険でした。

（当時、新幹線の最速列車は「ひかり」。東京駅を出ると次の停車駅は名古屋でした）

名古屋で名鉄に乗り換えて佐屋という駅まで行き、そこから子どもの足で30分ほど歩くのです。


歩いて行く途中にすれ違う人は、みんな祖母の知り合いです。

交わす言葉は強烈な方言なので、意味のわからない部分も多かったのですが……

会う人会う人に「あい子（私の母）の長男、東京から1人で来た！」と紹介するのです。

「へ～　東京から1人で！」と皆が驚き、私が標準語できちんと挨拶をすると、

「へ～　かしこいね～」と感心される……


祖母は、周り一面がレンコンの田圃が広がる田舎で、農家の離れに1人で暮らしていました。

ご飯は既にガスで炊いていましたが、炊きあがったご飯を御櫃（おひつ）に移し、2人で囲む卓袱台（ちゃぶだい）まで持って来ます。

祖母は先ず、夫（祖父）の仏壇にお供えするご飯を陶製の仏飯器によそいます。

それを孫の私がお供えし、祖母がロウソクと線香に火を灯し、おりんをチーンと鳴らして一緒に手を合わせる……

それから食事が始まるのですが「木の御櫃」からよそってもらうご飯が美味しくて、何度も「お代わり」をし、それを喜んでくれる祖母でした。

さて、夜になって寝床を並べて布団に入ると〝トイレに行っておかないとヤバいぞ！〟と気付くのです。

何しろ、「外に立っとれ！」のばあちゃんなのです！

更に、布団が干してあって恥をかくのは自分自身なのです！

私は、「便所行って来ます」と言って、一旦入った布団と蚊帳から抜け出して外の便所に向かうのです。

今でこそ農家も家の中にトイレがありますが、当時は下肥として使っていた名残で戸外でした。

しかも祖母の家は東側をお寺と接しており、お墓がチラッと見えるようなところにポツンと建っている……夜、子どもが１人で行くには非常にハードルの高い立地の、暗い穴が口を開けた汲み取り便所だったのです。

私はそこに１人で行く勇気が出ず、便所とは反対側の、家の正面からレンコン田の傍まで降りて行き、田圃に向かって思いっきり立小便したものです。

満天の星空に天の川を眺めて、トノサマガエルの大合唱を聞きながら……

帰ると祖母が、「遅かったな」と……

便所に落ちてやしないかと心配したに違いありません。

「大丈夫！　ねしょんべんしないように絞り出してきた」と答えて床に入り、寝息を立てる……

長期の休みになると、祖母と２人で１週間、時には10日以上もこのような暮らしをしました。

レンコンの葉は表面に細かい毛があり水滴が丸まるのです。

月夜の晩はこぼれ落ちる玉がきれいでした……

「夜の田圃に立小便をしに行く楽しさ」を覚えたからか？

祖母の家で、私は奇跡的に一度もおねしょをしなかったのです！

こうなると、〝僕は外では大丈夫！〟という妙な自信のようなものが芽生え、５年生の２泊３日の林間学校も、６年生の１泊２日の修学旅行も無事に乗り切り、気付いた時には、おねしょをしなくなっていました。

「かわいい子には旅をさせろ！」と言いますが、おねしょの対処法として「気心の知れた人のところに泊りに行かせる」のは有効かも知れません。

そうです！　第3者の目を活用して背伸びをさせるのです！

子どもにとって、家で毎晩〝おねしょをしないように〟と意識することは難しいことです。

自宅で毎晩意識させるなど、子どもにとってはむしろ酷なことであり、おねしょをしてしまうのは、十分リラックスできている証拠ではないでしょうか？

ですから、信頼の置ける知人宅に泊まりに行かせて、本人に意識する機会をあえて作ってあげるのです。

受け入れる側は、寝る前にさりげなくトイレに行かせて、成功体験を作れるように全力でサポート！

もし、失敗したとしても、「どんな夢だったの？」と優しく聞いてあげて欲しいのです。

そして、「大丈夫だよ！　こんな人もいるんだから……」と私の話をしてあげてください。

さて、小学生の私が東京に帰る日、祖母はいつも名古屋駅まで見送ってくれました。

わざわざ入場券を買って、上り新幹線ホームまで上がって……

車両の中からホームで目を潤ませて手を振る祖母を見ると、子ども心に胸がチクッとしました。

その祖母は、私が大学3年の5月にこの世を去りましたが、今も名古屋駅の上りホームから新幹線に乗って東京方面に向かう時、車両が動き出す瞬間、決まってあの痛みがやってきて、ガラス越しのホームに祖母の姿を探してしまうのです。

私にとって祖母と暮らした日々は、全てがかけがえのない思い出ですが、あの、祖母の横で寝る前の緊張感が……私におねしょを卒業させてくれたと信じています。

2　駅伝送り

２００８年3月2日から、同僚7人と2泊3日で台湾旅行に行くことになったのです。

集合場所は三重県津市内の津新港（通称：なぎさまち）。

朝7時発の高速船に乗り40分で伊勢湾の対岸にある中部国際空港（セントレア）に渡り、そこから直行便で台湾へ……

さて、この高速船が出港する『なぎさまち』へ我が家から行くには、近鉄南が丘駅（徒歩20分）かJR阿漕駅（徒歩12分）まで歩いて行き、鉄道で津駅に出てバスに乗り換えて行くことになります。

駅が少し遠い近鉄は１時間に３・４本電車があるのですが、最寄りのＪＲは１時間に１本ほどしかないのです。

私の住む三重県の県庁所在地・津市は地方の典型である「クルマ中心の街」であり、このような場合は家族にクルマで送ってもらうか、自らハンドルを握って『なぎさまち』まで行くのが一般的です。

自らハンドルを握って行っても『なぎさまち』には、監視カメラと警備員の巡回で防犯対策をとっている広大な公共駐車場（約７００台分）が完備されており、何日停めておいても無料なのです。

ところが、我が家には自家用車が無いのです……

同僚は、「神田さん、どうやって行くの？」と気に掛けてくれました。

私は、「大丈夫、バスがあるから」と即答。

ただ、内心は〝雨が降ったら厄介だな……〟と思いつつ、

〝その時はタクシーを呼べばいい！〟と自分を納得させていました。

出発日が近づいた時、私は当日が日曜日であることに気付き、ある案を思い付いたのです。

我が家は夫婦に息子・娘の4人家族。我々の専らの足は自転車です。

当日の朝、自転車3台に私の荷物を分けて積み、空身で1人が走る……

『なぎさまち』は我が家から5キロ弱。ゆっくり走っても30分みれば十分でしょう。

しかも、バテる前に4人で交代しつつ駅伝のように走れば、1人6・7分ずつで済むはずです。

荷物と私を送って、帰りは3人が自転車で帰って来ればいい！

この案を私は『駅伝送り』と命名しました。

早速家族に切り出すと、「面白そう！」との反応が返ってくるのが我が家なのです。

私は大の駅伝ファンで、学生時代の1月3日は小田急線の始発に乗って箱根湯本まで行き、駅前から国道1号線を箱根方面に歩き、ほとんど観客のいない函嶺洞門の手前で「山下り（箱根駅伝の復路）」を見るのが好きでした。

まだテレビの完全中継など無く、自衛隊の四輪駆動車が各校の伴走に付いていた古き良き時代です。

以来、今も正月はテレビ観戦を欠かしません。

現在住んでいる津市は、毎年11月に熱田神宮・伊勢神宮間で争われる全日本大学駅伝が通る街で、この当時は、こちらの沿道に足を運んで家族で応援していました。

かくして、我が家の新たなイベント『駅伝送り』の実行はすんなり決まったのです。ちなみに我が家には陸上競技経験者は１人もいません。

前夜の天気予報は見事に晴れマーク。全員が運動会の前日のように、早めに床につきました。

当日朝、妻の買い物用自転車の荷台に私の荷物を積んで、スタートは私が走りました。とは言え、そのまま旅行に行くジーンズにスニーカー、先ずは準備運動代わりに軽く走って妻と交代、私は荷物を積んだ妻の自転車に乗りました。

サドルの位置やペダルの感覚が違う「他人の愛車」に乗るのは、どことなく新鮮な感じがするものです。

次のランナーは中２の息子。

そして、少し前傾気味の息子のマウンテンバイクに妻がまたがります。どちらの姿も新鮮！

最後に小３の娘が登場。

そして、すでに妻の背丈を追い越した息子が娘の自転車に、膝を曲げて三輪車のように楽しそうに乗りました。

１巡して私に引き継がれた時に、再びそれぞれが自分の愛車に乗り換えました。

２巡目の走りで、私はある種の快感を味わったのです。

日曜日の早朝、それはまるで私が走るために交通規制をしてあるかのごとき交通量の公道に、３台の伴走車を従えて１人走っているのです。

正に駅伝の先頭チームのような特別待遇ではないでしょうか！

あまりの気持ち良さに電柱もう一本・もう一本と交代を先延ばしにしていると、痺れを切らせたように娘が突然、「今度は私が走る！」と言い出したのです。

私は彼女に譲り、彼女の自転車にまたがり横に着いて実況中継を始めました。

「ただ今５区から６区への中継が無事終わりました。さて、この区間はいよいよエースのチッチちゃんの登場です！」と……

彼女は俄然やる気を出して、そのまま、「もうちょっと行く」「もうちょっと行く」と交代を拒み、家族３人がにこやかに見守る中、行程の半分近くを１人で走り通してしまったのです。

我が家の子どもたちにとって、テレビや沿道で繰り返し見て来た大学駅伝が大人のモデル。

これを真似して公道を走るという設定に、小３の娘が予想もしていなかった精一杯の走りを見せたのでした。

津市内を流れる岩田川の河口を渡る津興橋（つおきばし）のたもとまで来ると、視界が開け海の上に顔を出したばかりのオレンジ色の太陽が輝いていました。

その美しさに思わず足を止めて４人でしばし眺める……「早起きは三文の得」とはこのことでしょう。

この橋を渡るとほどなく『なぎさまち』で、最後は私が走りました。

途中バスが１台我々を追い越して行きました。

ガラガラの車内に１人、一緒に行く同僚の姿を見つけました。

彼女は数少ない公共交通機関利用者で伊勢からＪＲで通勤していました。

『なぎさまち』のトイレで着替えて、しっとりと濡れたシャツを妻に託し、待合室にいる同僚に合流すると、バスで先着していた彼女が開口一番、「神田先生！　見ましたよ！」と声を掛けて来ました。

（この旅行は前日に無事卒業生を送り出した、３年生担任団の打ち上げ旅行でした）

私はそれに応えて、「不思議な集団だったでしょう！　実は……」と早朝の我が家のイベントを面白おかしく語りました。

恐らく、この日このような家族の見送りを受けたのは、『なぎさまち』で私一人だったことでしょう。

いや、『なぎさまち』どころか日本中の旅行者の中で私一人だったに違いありません。

ほどなく我々は船に乗り込み、高速船は桟橋を離れるとすぐに方向転換をします。窓際に座っていた私は、早春のまだ肌寒い早朝の岸壁で、たった3人で手を振っている家族の姿を見つけ、大きく手を振り返しました。

その光景を横で見ていた同僚が、「神田先生んちって、何か温かいね！」とつぶやいたのです。

送られる人に送る人。どちらの身も心も温かい……それが我が家の『駅伝送り』。

3　駅伝送り（その2）

ある日、私が担任をしていたクラスのホームルームでのこと……

「先生、クルマ持ってないの？」陸上部の女子生徒が私に質問してきました。

当時私は、毎朝5キロ弱の道のりを自転車通勤していました。

始業の1時間以上前に学校に到着するので、私の通勤する姿はグラウンドで朝練をしている陸上部・野球部など、ほんの一部の生徒の目にしか触れることはありません。

そんな中で、陸上部の彼女とは、自分のクラスの生徒ではなかった頃から朝の挨拶を交わす間柄でした。

彼女はみんなの前で、担任になった私にずっと抱いて来た疑問をぶつけてきたのです。


「持ってないよ」

「免許持ってないの？」

「持ってるよ」

「じゃあ何でクルマ買わないの？」

「要らないからさ」


教室中からいろんな声があがる……


「え～　どうして？　便利じゃない！」「雨の時はどうするの？」

「カッパを着て自転車に乗るか、ＪＲで来るよ」

「先生んちの子どもって、雨の日に送ってもらったりしてもらえないんだ……」

「そうだよ。私だって傘をさして歩くんだから、自分の足で歩くんだよ」

「子どもの修学旅行の時なんてどうするの？　大きい荷物で、集合時間が朝早かったりしたら……」

「その時はタクシーを頼めばいい」

「リッチ！」

「そうかな？　そんな十数年に一度の子どもの修学旅行のためにクルマを持つなんて、どっちがリッチだ？」

生徒の反応は様々です。

最後に冒頭の陸上部の女子生徒がポツリとつぶやいた。

「先生の子どもってかわいそう」と……

毎朝笑顔で挨拶を交わすその子のつぶやきは、私の心に妙に引っ掛かったのです。

〝単なる自己満足のために、子どもたちを犠牲にしているのではないか？〟と……

私はかつて、ある新聞コラムを読んだ日に「教師を続けていく限り、生徒と同じ交通手段で学校に通う」と決意しました。

続いて、ある本を読み終えた日に「自分の足としてのクルマは持たない」とも……

以来、私の勝手な決意に、家族を引きずっている状況……

当時の私は、女の子のつぶやきに対して明確な答えを持っていませんでした。

そんな会話を交わしたクラスの生徒たちを送り出した卒業式の翌朝、打ち上げ旅行で台湾に旅立つ私を、家族総出で送ってくれたのが『駅伝送り』だったのです。

さて、3月の『駅伝送り』から2ヶ月後の5月のことです。

何と、中3になった息子の修学旅行が本当にやってきたのです。

子どもの修学旅行がそんなに早く現実のものとなるとは、正直全く意識していませんでした。

行先は沖縄。

私が台湾に行った時と同様に、津新港（なぎさまち）から中部国際空港（セントレア）に船で渡り飛行機で行くらしいのです。

しかも学校集合ではなく、高速船が出る『なぎさまち』に集合とのことなのです。

日程を確認すると、出発日は私の勤務校の中間テスト中でした。

教師という仕事は、平日は時間割がきっちりと決められた授業があり、土日はクラブ活動の練習や大会引率でなかなか休みが取れません。

そんな中で、自分の時間を作れる貴重な期間が定期試験中なのです。

試験中は授業もないしクラブ活動もありません。

事前に申し出て、試験監督から外しておいてもらえば、誰に迷惑を掛けることなく休暇が取れるのです。

私は息子の出発日に合わせて休暇申請をし、「俺が送っていく」と息子に宣言したのです。

息子の気持ちは量りかねましたが、その後、近所の同級生のお母さんからの「一緒に乗せていってあげるよ」とのありがたい心遣いに対して、息子は自分で丁寧に辞退したらしい……との情報が妻からもたらされました。

息子も満更でもないようです。

集合時刻は、いつもの出勤時間に家を出て『なぎさまち』に向けて走り出せばいいという非常に都合のいい時間でした。

ただ、小学生の娘は学校に登校する時間に引っ掛かるし、妻は娘に朝食をとらせて送り出す役目があるので、今回は私1人が自転車で送っていくことにしました。後は神頼みの天気だけ……


当日は見事な晴れ！

初回と同様、自転車に荷物を積んで、送ってもらう人（今回は息子）が最初に走り、アップ程度で私と交代しました。5月中頃の平日の朝7時頃です。

ラッシュとまでは言えませんがクルマは前回よりも多いし、太陽も昇っています。

コンディション的にも、家族4人で走るより息子と2人で正解でした。

全日本大学駅伝が通る片側3車線の国道を横切り、片側2車線のバイパス道路を越え、海へ向けて走る。

何度か交代を繰り返し残り半分ほどの行程となった時、私は自転車の前に出て走りました。

当時の私は完璧に運動不足でした。

バドミントン部の顧問をしていましたが、平日の放課後は会議や、教科内のまとめの仕事でクラブに出て行って生徒と汗を流す機会がめっきり少なくなっていたのです。

休日練習も、監督として全体を見渡して指示を出していることが多いので、身体を動かす機会はほとんどありませんでした。

金曜日の夜、地元のクラブチームに通って自分の練習をしていた時期もあったのですが、これも2年以上遠ざかっていました。

そんな日々の中で、この日、思いがけず平日の朝から走る機会を得たのです。

突き抜けるような青空の下、さわやかな5月の風を受け、いくら汗をかこうが帰ってシャワーを浴びるだけでその後の予定は全くないのです。

ジーパンを穿いて来たことをちょっと後悔しましたが、〝このまま走り切ってしまえ！〟

クルマのほとんど通らない海沿いの裏道に入り、息子の自転車を引っ張るように黙々と走る……

息子も中学校でバドミントンをやっていました。

「まだまだお前には負けない！」私は背中で交代を拒んで走ったのです。

バドミントンプレーヤーとして、高校チームの監督として……

とは言え、日頃の運動不足は明らかで〝身体はギブアップ寸前の状態〟でしたが、最後は父親としてのプライドで平静を装い何とか走り切りました。

『なぎさまち』の堤防に出る手前で立ち止まり、自転車を受け取り、「さあ、気を付けて行ってこいよ！」と言うと、

「ありがとうございました」と息子がきちんと頭を下げました。

まるでクラブの練習が終わった時のように……

こうして送り出した息子が帰って来た日、私は驚きました。

私にＴシャツをお土産に買って来たのです。あるスポーツメーカーのロゴをもじったパロディＴシャツ。

冗談好きの彼らしいお土産ですが、私だけでなく、スポーツ少年団でバドミントンをやっている妹にもお揃いのものを……

自分の小遣いを削り、おやじと妹のサイズを考えて買って来るなんて、普段ずぼらな彼からは想像がつかない出来事でした。

時は流れて……

「先生、クルマ持ってないの？」と聞いたあのクラスの生徒たちはとうに成人となりました。

そのうち飲む機会があるかも知れませんが、その時はこの『駅伝送り』の話をしてみようと思うのです。

「先生んちの子どもってかわいそう」と言われた時の心の引っ掛かりは、今はもうありません。

教師は生徒の視線に育てられます。

子どもは父の背中を見て育ち、父は息子に見られて背伸びをするのです。

息子が考えてお土産を買って来たのは、もちろん集合場所に送り出してくれた家族への感謝の気持ちもあったと思うのですが、何と言っても〝自分の足で集合場所に来たという満足感〟これが大きかったのではないかと思うのです。

クルマで送ってもらって来る同級生を見て〝子どもだな〜〟と１人優越感に浸っていたのかも知れません。

親として、彼の「育つ権利」「参加する権利」を保障できた気がしました。

4　高校野球は最高の挑戦の場

２０２０年５月、コロナ禍で一斉休校中の夕方、近所の喫茶店で前任校時代の同僚と待ち合わせをしました。

「コーヒー一杯で帳簿見て欲しい」との依頼でした。

私は商業科の教員。新採時代から『簿記』つまり企業会計を専門に教えて来ました。

元同僚は社会科の教員で、三重県高等学校野球連盟（以下　高野連）の金庫番を担っている方で、以前にも、各球場での入場料収入についての会計処理の相談に乗ったことがありました。

ただ、大会の時期でもないのに何の相談だろう……と思いつつ電卓持参で喫茶店に出掛けました。

この日、喫茶店のテーブルに広げられたのは、この団体の財務諸表でした。

今は営利企業ではないＮＰＯでも、様々な補助を受けるためには貸借対照表・損益計算書などの財務諸表の作成が必須となっており、私自身もボランティアとしてＮＰＯ法人の会計処理を、数年間担当したことがありました。

私は生徒たちに授業で言うのです。

「車椅子を押したり、ゴミ拾いだけがボランティアではない！」と……

金庫番の先生からの相談は、コロナ禍で夏の甲子園が中止となり、代表校を決める県予選も中止が決まってしまった……

そこで、この夏で退く3年生のために、高野連として引退大会を開催できないか？　可能性を探っている……とのことでした。

せっかくだから、学校のグラウンドではなく、球場を借りて試合をさせてあげたい……

ただし「無観客」なので入場料収入は無い！

「果たして、収入ゼロで球場を借りて大会を開くだけの財政的な余裕があるのか、見て欲しい」という依頼でした。

そう！　硬式野球は高等学校体育連盟傘下の競技ではなく、単独で高等学校野球連盟という組織を作っており、夏の地方大会ではプロが使う球場を借りて開催し、マスコミも1回戦から取材に入ります。

こうした高校のクラブでは「別格扱い」の硬式野球を、かつて私は大嫌いでした。

テレビで高校野球を見るのは好きでした。

野球の経験はなかったのですが、地元神奈川は高校野球が強かったこともあり、中学時代の夏休みは何時間もテレビの前で過ごしました。

東海大相模高校が、原貢監督と原辰徳（現：巨人監督）選手の親子鷹で出場していた時代です。

私自身が入学した開校4年目の新設高校にも、硬式野球部はありました。

1年生の夏、野球部員でもない私は、夏の地方予選の応援のために臨時に集められた応援団に駆り出されて、住んでいた川崎からとんでもなく遠い三浦半島の付け根の追浜球場（現：横須賀スタジアム）に応援に行かされました。応援のバスなど出ません。たぶん交通費は自腹だったと思います。

新設校だった私の学校の制服はブレザー。

「学ランでのバンカラ応援」ができないので、男は上半身裸でやれ！　ということになり夏の炎天下……裸で立ち続けて1回戦負け。

〝素晴らしく練習しているとも思えない野球部のために、何でこんなことをしなければならないんだ〟という気持ちだけが残りました。

「硬式野球はお金が掛かる」という理由で、生徒会予算も実績が無くても別格扱い！

こうしてクラブの中で特別扱いをされる硬式野球部が嫌いになっていきました。

残りの2年間、私は野球の応援には一度も行きませんでした。

高校教師になっても、学校内で別格扱いの硬式野球部に対するトラウマは残っていましたが、幸い初任校と2校目も野球部は軟式野球でした。

しかし、3校目は遂にバリバリの硬式野球部がある商業高校に赴任したのです。

転勤して来て初めて授業を持った1年生のクラスの中に、野球部の生徒が数人いました。

その勉強への姿勢に私は目を見張り〝この子たちのグラウンドでの姿も見てみたい〟と思ったのです。

春の地方大会の試合が、自宅から自転車で行ける球場だったこともあり出掛けてみました。

夏の大会と異なり、春の大会は学校を挙げての応援も無く、スタンドは保護者や控えの選手とＯＢのみ……

久し振りに球場で高校野球を見て、教え子たちのひた向きな姿に素直に感動しました。

プレーする生徒たちは、一生懸命で手を抜きません。

エラーもありますが、ベンチ一丸となって精一杯向かっていく……

何がここまで彼らを背伸びさせているのか？

それは「大人と同じ環境」が準備されていることではないかと思ったのです。

彼らの心の中には、幼い頃から観て来たプロ野球や高校野球があり、これが、彼らにとっての憧れの大人モデル。その姿を真似て、同じ舞台で精一杯背伸びをしてプレーしているのです。

頑張らざるを得ないのは当たり前でしょう。

私は教師になって30年以上バドミントン部の顧問をして来ました。

バドミントンはシングルスの試合をする場合、選手２人に対して最低でも主審１人、線審２人が必要です。

つまり選手の数より多い審判が必要な競技なのです。

よって、高校の大会全てに公認審判員を配置することなど不可能で、多くの地区大会は参加選手が他の試合の審判も担当することになります。

大部分の試合は、負けた選手がそのコートに残って次の試合の審判をするという「敗者審判制」が主流なのです。

そのため、ルールもおぼつかない1回戦負けの選手がコートに残って主審をする場合など、公式戦と言えどもひどい事態になってしまうこともままあるのです。

その点、高校野球は1回戦のどんな試合でも公式審判員に一流の場所（球場）が準備されているのです。観客席には少ない春の大会といえども、グラウンドの選手よりはるかに多い人数が応援にも来ています。高校野球には、生徒に背伸びをさせ、成長を促す条件が完璧に整っていると言えるのです。

話はかなり逸れましたが、私はコーヒー一杯の対価として、電卓を叩いて試算した結果を金庫番の先生に伝えました。

「大丈夫ですよ！　学校のグラウンドじゃなくて、絶対に球場を借りてやってあげてください！」と……

※私が勤務していたのは三重県立津商業高校です。
私が応援に行った春の大会はベスト4に入りました。

そして、そのベンチに入っていたメンバーの中の複数の生徒が高校在学中に日本商工会議所主催の簿記検定2級に合格しました。

大学生でもなかなか合格しない検定試験です。

私が転勤して数年後、野球部は甲子園に初出場。1回戦で智辯和歌山高校に勝ったのです。

5　悪筆の改善

初めて担任を持った時から、ずっと行っていることが一つあります。

クラスの生徒全員に、手書きで暑中見舞いを出すこと……

それは、初任校（東京都立池袋商業高校）のカウンセラーの先生のアドバイスがきっかけでした。

先生は、４年目にして初めて担任を持った私に、

「神田先生、暑中見舞いを自分から出しなさい」とおっしゃったのです。

「年賀状のような儀礼はどうでもよく、生徒にとって最も危険なのは長い夏休み！」

「今の生徒は待っていたって一通も来ないよ！　その期間に、生徒の心を学校につなぎ留める手段として暑中見舞いが必要なのだ！」と……

すぐに、私はそのアドバイスを実行に移しました。


大学を出て東京都の高校教師になった私は、当初、川崎の実家から都心の学校に通っていましたが、殺人的なラッシュを嫌って歩いて通えるところにアパートを借り、週末だけ栄養補給に川崎の実家に帰るという生活に切り替えたのです。

生徒にはアパートのことを秘密にしていたので、暑中見舞いの差出人住所は川崎の実家を記しました。

夏休み中の週末、実家に帰ると母がテーブルの上の一通の暑中見舞いハガキを示し、

「これが先生の字？」と私に聞くのです。

住所を書き間違えた生徒宛のハガキが、実家に返送されて来ていたのです。

母は筆を持つことが趣味で、この趣味を活かして数々の仕事をして来ました。

日本橋三越本店の地下洋酒売り場で熨斗紙を書いていたこともありますし、川崎の名刹『川崎大師』でお札を書いていた時期もあります。

そんな母に、ただ、「汚い字ね！」と言われたら、それほどこたえなかったと思うのですが、「先生の字か？」と問われたのです。

かつて私は悪筆でした。

ノートの字は〝自分が読めればいい〟と思って、大学時代までを過ごして来たのです。

しかし、「教え子に何かを伝えようとする……これが先生の字か？」と問われてハガキを見直すと、自分の字には〝人に読んでもらおう〟という気持ちがこもっていないことに気が付き、恥ずかしくなりました。

到底「プロの仕事」とは、言えるレベルのものではありませんでした。

以来、私は字を書く時に〝人に読んでもらうこと〟を意識するようになったのです。

さて、私は『簿記』を専門に教えて来たのですが、私の授業は毎回、前回の復習を兼ねた5分間小テストで始まります。

その採点はある意味厳しいと思います。

生徒が理解しているとわかっていても、あえて×を付けることがあるのです。

例えば、商品を売った時に代金をその場で受け取らずに「つけ」にしておくお金を「売掛金」と言います。

逆に買った時の「つけ」は「買掛金」というのですが、この用語の違いは最初の漢字1文字だけです。

つまり、「売」か「買」の文字が判読できれば、後はある程度乱雑でも理解できていることはわかるのですが、私は最後の「金」という文字が読めなかったら×にするのです。

授業がスタートしたばかりの4月には、毎年こんなやり取りがあるものです。

生徒が、「先生！　採点ミスしていますよ～」と持って来るのですが、私は、

「最後の〝金〟が読めないから×だ」と突き返すのです。

「え～」と不満を示すと、

「この〝金〟という字を、その辺を歩いている小学生に見せて〝きん〟と読めるか？」と問います。

すると初めて自分の字の乱雑さに気付くのです。

そう、彼もかつての私と同様に〝自分が読めればいい〟と思って生きて来た部類に違いないのです。

　更に続けます。

「いいかい！　帳簿は自分の覚え書きではなく、誰が見てもわかりやすいように整理しておく公式記録だ。〝きれいに〟とは言わない。〝丁寧に〟書くことを心掛けるべきなんだ」

「それに、君が1月に受ける検定試験は、君の字を見慣れた私が採点するわけではない。だから、普段から第3者に読んでもらうことを意識して丁寧に書く練習が必要なんだよ！」


「高校生になって言われても、今さら改善なんてできない」と言う生徒には、

「字は何歳からでも改善できるよ！」と告げます。

次の授業に、私は自分の大学時代のノートを1冊持って行きます。

ノートの表紙と、今使っている教務手帳の表紙の私の自筆の名前……

これを生徒の前に並べれば彼らは納得するのです。

こうして〝第3者に読んでもらうということを意識して丁寧に書くこと〟を理解させると生徒の文字は確実に改善していくのです。

丁寧に書くことを意識すると、ミスは少なくなり理解度も深まります。

そして、最終的には検定の合格率も上がるのです。


話は変わりますが、三重県四日市市にタカハシ酒造という造り酒屋さんがあります。

『天遊琳』という美味しいお酒を作っている酒蔵です。

ある年の、暮れのお墓参りの帰りに偶然見つけ、その年から毎年川崎の実家に向けて正月用のお酒を発送するのが恒例になったのです。


顔を出し始めて2・3年目のこと、店に入るとおかみさんに、

「神田さん、いつもありがとうございます」と先に挨拶されたのです。

「どうして私の名前を……？」と聞くと、

「いつもきれいな字で送り状を書いて行かれるので、覚えてしまいました」とのことでした。

私は心で苦笑い……

〝それはそうですよ！「これが先生の字？」と指摘してくれた人が受け取ることを意識して丁寧に書いていますから……〟


これからの社会で、自筆で文字を書く機会はどんどん少なくなっていくでしょう。

ただ、ゼロにはならないと思います。

しかも、ゼロにならずに残る部分は、他人の目に触れる文字である可能性が高いのです。

三重県志摩市で２０１６年5月に開催された第42回先進国首脳会議（伊勢志摩サミット）。

このサミットの記念館（サミエール）が近鉄賢島駅に隣接されています。

（この施設は入館無料ですので、子どもを連れて見に行くにもお薦めです）

ここには写真や会議に使った机、記念品など様々なサミット関連のものが展示してあります。


我が家の娘が大学生の頃、知人とこの記念館を見に行った時のことです。

「この人、日本語上手だね〜」と囁き合った展示があったそうです。

それは、会議に集った各国首脳や組織の代表たちの直筆サインを集めたコーナー。

外国の首脳が習いたての日本語を使って、頑張って何かメッセージを残した……と思いきや案内プレートを見ると日本人だったそうなのです。

たぶんこの方は、こんな場所で展示されるとは思ってもいなかったでしょう……


私は硬筆の練習帳などを使って練習したことはありません。

ただ、手紙を書く時や生徒のプリントにメッセージを添える時に、

〝この言葉が相手に届きますように……〟と常に心掛けて書いてきただけなのです。

6 篠笛上達の秘訣

篠笛を始めたのは2011年8月のことです。

当時、私は高校2年生の担任をしていました。

若い頃から体育館でバドミントンばかりしていた私は、楽譜が読めませんが、〝楽器ができたら楽しいだろうな〜〟という想いを漠然と持っていました。

勤務していた高校は運動系のクラブ活動が盛んで、私のクラスもご多分に漏れず、運動部員が圧倒的に多かったのですが、たまたまその年はブラスバンド部員が4人もいたのです。これはクラスの一大勢力でした。

年度当初の個人面談をしながら、「何の楽器を担当しているの？」と聞くとフルート、トロンボーンにトランペットが2人。

「楽器ができるって、いいよね！」と言って、4人の面談を終えました。

夏に吹奏楽のコンクールが、学校の近くのホールで行われたので聴きに行きました。

そこには体育館と変わらぬ真剣勝負の世界があったのです。

一つのことに真っすぐ取り組む高校生たちの音……

聴いていてとても清々しい気持ちになり、〝楽器っていいな〜〟と心から思いました。

時を同じくして、「神田先生！　今が一番若いんですよ!!」と声を掛けてくれた同僚がいました。

〝今が一番若い？〟　そうか！　その通りだ！

10代の高校生には、恐らくこの言葉はわからないだろうが、例えば、私が10代からやっているバドミントン。

この歳になると、意識に身体が付いて行けず、〝あ〜　かつては簡単に打てたのに……〟と溜息をつく……

よくあることですが、これは「過去を振り返る生き方」です。

これに対して「今が一番若い！」とは、これからの人生を考えると、正に〝今、この瞬間が一番若い！〟つまり「未来志向の生き方」なのです。

新たなことへの挑戦を先延ばしにすることは、その挑戦へのハードルを、どんどん上げてしまうことに他ならないのです。

「いいよね！」と言っているだけでは何も変わりません。

「今が一番若い！」この言葉に背中を押され、早速ネットショップで篠笛を注文しました。

篠笛を選んだのは、〝簡単に持ち歩ける〟ということ。

とにかく毎日練習しようと思ったので、手元に無いことを言い訳にしないために……

そして、和楽器は珍しいし、楽譜が読めなくても大丈夫だろうという安易な理由からでした。

こうして２０１１年８月27日、48歳の私は篠笛を手にしました。

独学で教本を見ながら練習を始めたのですが、音すら出ず……息が苦しいだけ。

〝こんな代物で、音楽など果たして奏でられる日が来るのか……？〟と暗中模索の日々でした。

そして、半年ほど経った頃、ようやく教本の『さくら』が吹けるようになり、緋寒桜の咲く沖縄へ。

そう、毎日の練習を愚直にこなすために、沖縄修学旅行の引率にも持参したのです。

生徒の無断外出を防止するための出入り口の立ち番で、青い海を見ながら練習しました。

その後数年間、コツコツと練習を続けてレパートリーも増えたのですが、どうしても苦手意識が抜けない技術があったのです。

それは甲（かん）の音。

篠笛は一般的に、篠竹に唄口と呼ばれる息を吹き込む穴と、指で押さえる穴が７つの合計８つの穴が開けてある単純な構造の楽器ですが、これで２オクターブ以上の音を出すことができます。

低音を呂（りょ）、1オクターブ上がった音を甲（かん）、更に上の音を大甲（だいかん）と言います。

「甲高い声」などと言う表現がありますが、あの「甲」です。

篠笛は、小学校で習うリコーダーのように、押さえる穴の組み合わせの違いだけで音の高さを変えていくのではなく、唄口に吹き込む息の角度や勢いの違いによっても、音の高さを変えます。

呂より甲、そして甲より大甲の方が、笛の鳴る位置にピンポイントで強く息を当てなければならず難しくなります。

私は呂の音で曲は吹けても、甲の音が入ると安定しませんでした。

ましてや大甲などは音すら出ない……

そんな状況に独学での限界を感じて、一度だけ個人レッスンを受けてみたことがあるのです。

当時、私は三重の自宅から年老いた両親が住む川崎の実家に、毎月1回週末を使って掃除がてら様子を見に通っていました。学校で金曜日の仕事を終えてそのまま近鉄で名古屋に出て、そこから新幹線に乗って新横浜へ……

そして、日曜の夕方に帰って来るパターンでした。

祝日が絡む時は3・4泊になることも……

その時は、実家掃除を終えた残りの時間は、都内の懐かしい場所に出掛けたりしていたのです。


その日の朝、私は実家の居間でネット検索をしていました。

山手線の目白駅から歩いて5分ほどの距離に、篠笛・尺八の専門店があります。

ここでは楽器の販売の他に、プロ奏者による個人レッスンも行われており、何気なく、篠笛の講師の予定表を覗くと、当日のレッスンに空きがあることを見つけたのです。

個人レッスンは45分間で九千円だったか……かなりの値段です。

月に数回のレッスン日に、たまたま実家に来ていることも珍しいのですが、空きがあるということも何かの縁だと思い、そのままネットで予約をして出掛けてみたのです。


目白駅は山手線の改札を出ると目の前を目白通りが横切っています。

この通りに沿って右手に進むと、すぐに学習院大学があるのですが、篠笛・尺八の専門店は、左手に進み5分ほどのところです。

初めて訪れた頃は、通りに面した1階が店舗でした。

店には篠笛・尺八といった楽器だけでなく、楽譜やCD、笛を収める「袋」や「つゆきり」（演奏後に管内の水分や汚れをふき取る道具）といった小物。更には、ハンドメイドで楽器を作る竹の素材などが所狭しと並べてあり、マニアにとっては「秘密の巣窟」のようなお店です。

私がレッスンを予約して訪れた時は、狭い階段を上がった2階に店舗が上がっており、ますます巣窟感は高まっていました。

2階に初めて上がり、上階に個人レッスン用の小部屋もあることを知りました。

店のカウンターで来意を告げると、

「ネット予約の後、必ず電話で確認を……」と言われました。

レッスン予約はあくまでも予約であり、代金決済まで終わらせる手続きではなかったのです。

店側としては当日の朝に入った予約……果たして本当に来るのかどうか……

ここが不安だったに違いありません。何しろ私の住所は三重県なのです。

プロ奏者のレッスンは、私が予約した後の時間帯も1コマ空いていました。

つまり、私が来なければ講師の方には帰って頂くことも可能な状況だったようです。

案内されたのは長机とパイプ椅子の小部屋で、座って待つべきか……考えていると先生が入っていらした。

和装ではなく、ラフな服装の私より一回り以上若い男性でした。

先生は拍子を取る張扇を2本机上に置き、篠笛をどうやって学んできたのか？　どんなことをしてみたいのか？　を質問してきました。

私は、「ネットでＤＶＤ付きの教本を買って、独学で学んで来ました」「人前で吹いてみようというような気持ちはなく、自分で楽しめたら……と思っています」と答えました。

「普段吹いている曲を1曲吹いてみてください」と言われ、練習し始めた曲を背伸びして吹いてみたのです。

先生の前で吹く緊張と、まだまだ練習不足だったので、音が思うように出ず途中で止まってしまいました。

先生は、甲の音が出ないことを瞬時に見抜き、「唄口から内側に息を入れすぎ」つまり、

〝吹き込む角度が悪い〟と指摘されました。

その場で先生のおっしゃる角度で呂の音から甲、そして大甲までを吹いてみますが、甲は音が上がるとともに出なくなり、顔を真っ赤にして息を吹き込むのですが、大甲などは全く音も出ず……

「とにかく、出るまで練習しかありません」と……高い音のレッスンは終わりました。

その後、技術的な質問を1つしましたが、その回答も瞬時に得られ、「他に何か質問は？」と聞かれて私は、「何か日本の古い曲を吹いてみたいのですが……」と答えると、先生は、後ろのレターケースの中からB5の紙を1枚取り出し、私の前に置きました。

右端に『明の鐘（宵は待ち）』と題が書いてある縦書きの指譜（ゆびふ）でした。

篠笛には五線譜はありませんが、どこを押さえるのかを数字で示す指譜という楽譜があります。

先生の説明によると、この『明の鐘』は長唄の名曲で、三味線をやる方であれば誰もがご存知の曲。

三味線伴奏で唄いを入れるのが一般的ですが、その唄いの部分を笛で吹くという譜だそう……

私にとっては全く未知の世界でした。

「先生、見本に吹いていただけませんか？」とお願いすると、

「いいですよ！」と気軽に笛を取り出されました。

「ちょっと待ってください！　録音させて頂いてよろしいですか？」と尋ねると、

「どうぞ！」

あわてて、ＩＣレコーダーをセットすると、『明の鐘』が始まったのです。

初めて生で聴くプロの笛……それは魂が揺さぶられるほど素晴らしいものでした。

吹き終わると先生は、

「さっき吹かれた曲よりは、指使いは簡単な曲ですよ」と笑顔でおっしゃいました。

確かに、指使いは簡単ですが、遥かに届かない青空を見上げるような思いでした。


さて、ここまでのレッスンで40分ほど時間が経っていました。

「他に何かありますか？」と、そろそろおしまいモードの先生に問われた私は必死で質問を考えました……


何しろ、45分九千円ということは、5分千円なのです。

そして、ありきたりではありますが、次のように尋ねてみました。

「篠笛上達の秘訣は何でしょうか？」と……


実は、次のような答えが返ってくることを心の中で期待していたのです。

「毎月1回、私のレッスンに通って来なさい」

私は正直言って、独学で進むことの壁を感じており、その言葉を待っていたに違いないのです。川崎の実家には月1回必ずやって来るので、先生のレッスンに合わせて掃除の日程を調整することは可能だったのですから……

しかも、レッスン当日の朝でも空きがある状態の講座なのです。

私が講師だったら、毎月の受講を勧めるに違いありません。

ところが、先生の答えは予想外のものでした。

それは、たった一言。「舞台に立つことですね」だったのです。

予想外の一言に、私は雷に打たれたような衝撃を受け、どうやって挨拶をして部屋を後にしてきたかも覚えていないほどです。

私はその言葉の意味を、帰りの電車で真剣に考えました……

そして〝人前で吹く機会を作ること〟というように解釈したのです。

上手になりたいのであれば、人前で吹く機会を作り、そこに向けて必死で練習する。

たとえ、自分一人で楽しむことが目標であっても……

〝第3者の前で吹く機会〟を避けて通っていては、更なる上達はないのではないか？

私は高校の教壇に立っていますが、数か月授業をすれば定期試験がやって来ます。

試験という目標がなければ、生徒の理解度を上げることはかなり難しいでしょう。

顧問をしているバドミントン部にも目標とする試合があります。

その試合までの合間にも、刺激として他校との練習試合を入れたりします。

これは、技術の上達には不可欠なハードルであり、こうした目標なしにバドミントンの技術だけを上達させることなど至難の業です。

そんな当たり前のことを、篠笛の師はたった一言で指摘されたのです。

九千円では安すぎるレッスンでした。

読者の中にも、お子さんにピアノなどの習い事をさせている方もいらっしゃるはずです。

先生に、「発表会に出ませんか？」と勧められて、「うちの子なんてまだまだ……」と尻込みをしていては成長のチャンスを逃すことになります。

発表会は、子どもの技術を比べ合う場ではなく、第3者の前で子どもに挑戦させる場なのです。

〝お金が掛かる〟ことが尻込みの原因となっている場合もあるかも知れませんが、大人並みのいい舞台を用意しようと思ったら、掛かるのは当たり前ではないでしょうか？

そこを節約するのは、野球部の公式戦を学校のグラウンドでやるようなものです。

発表会という目標に向かって努力をすることが貴重なのであり、ドキドキしながら当日舞台に立って演奏すること……

これが、子どもの成長に必要な「挑戦の場」だと私は思うのです。

〝百回の稽古より、一度の舞台〟是非、心に留めておいてください。

師の個人レッスンから帰って一ヶ月後、私は第1回の発表会を勤務校で行いました。

冬休みに入った学校で、たまたま来ている先生や生徒に声を掛けてのゲリラライブを実行したのです。

これを皮切りに、人前で吹く機会を自ら求め「自分で楽しめる程度」にはたどり着くことができました。今は、自宅から自転車で10分の海岸に行って吹いています。

誰もいない砂浜で、その場の雰囲気で吹きたい曲を吹く……

それは私が求めていた最高に贅沢な時間なのですが、散歩の人が通りかかると、一瞬にして練習の時間へと変わるのです。

その人の外観から年齢層を意識して、私のレパートリーの中から選曲して吹いてみるのです。

果たして足を止めることができるか……

私は第3者に協力頂いて、日々篠笛の練習に励んでいるのです。

7　生きる力

２０１６年9月のことです。

当時勤務していた北星高校で、バドミントン部の初合宿を前に部員に1本のビデオを見せました。

五輪前に、世界を転戦する奥原希望選手の姿を追ったドキュメンタリー番組ですが、私が見せたかったのは、バドミントンのシーンではないのです。それは、彼女の洗濯のシーン。

国際試合は夜9時・10時に試合が終わることもざらです。

特にトーナメントで上へと勝ち進む奥原選手は……

そこからホテルに帰り、彼女は自室の洗面所でユニフォームを手洗いするのです。

バドミントンは体育館スポーツ。ユニフォームの汚れの主体は、泥ではなく汗です。

最近の素材は乾きやすいので、手早く手洗いして部屋干しすれば、翌朝には乾いているのです。

奥原選手は、自分で手洗いしつつ世界を転戦しています。

洗濯は、洗面ボウルに湯を張って洗剤で手洗い、すすぎをして手で絞る……

まあ、ここまでは誰でもできそうですが、ここからの脱水方法が私には新鮮でした。

乾いたバスタオル（つまり、自分が風呂に入る前に、先ず洗濯をする）を広げ、そこに手で絞った洗濯物を広げて、ロールケーキのように巻いていき、出来上がった筒状のタオルの上を足で踏んで行ったり来たり……手で絞り切れなかった水分を、乾いたタオルに移行させるトドメの脱水です。

この番組を最初に自宅で見た時、私は〝なるほど！〟と感心し、直後の夏に行った6泊7日の中国旅行で実践してみたのです。効果は絶大でした。

ちなみに、奥原選手が銅メダルを取った五輪の開会式は、大連のホテルの部屋で見ていました。

定時制の北星高校で、初合宿を企画する時、私は迷わず「2泊」と決めました。

北星高校では修学旅行ですら1泊なのです。

仕事を持っている生徒への配慮や、学年がない単位制高校の行事としては精一杯なことはわかるのですが、これが学生時代に仲間と泊まりに行く唯一の行事では淋しすぎます……

もちろん〝バドミントンの練習を集中してやるには、中1日が必要である〟ということもあるのですが、最大の理由は、汗で汚れたウエアーを自分で洗濯させるために「2泊」と決めたのです。

1泊では、汚れ物を持って帰ってくれば済んでしまうでしょうから……

その初合宿が近づき、ガイダンスとして冒頭の奥原選手のビデオを見せたのですが、〝2泊3日、奥原選手のように手で洗え！〟といきなり高度な要求を突き付けたのではありません。

〝全日本の選手は遠征先で手洗いをしているが、君たちの宿には洗濯機も乾燥機もある。

練習の合間に、せめて自分の汚れ物は自分で洗いなさい〟と伝えたのです。

合宿先の『国立曽爾青少年自然の家』は、秋のススキが有名な曽爾高原にある野外活動に適した施設。

学校団体であれば宿泊費は掛からず、食費とシーツの洗濯代だけで利用でき、2泊3日の合宿費は4千円ほどで済みます。

前任校の全日制高校時代は、ここで5泊6日の夏合宿をしていました。

毎回、揃いの〝合宿Tシャツ〟を作り、その費用込みで1万2千円ほどでした。

ただし、体育館があるわけではないのです。

練習場所は、雨で野外活動ができなかった時の裏番組として、屋内活動ができる場として設置されているホールを使います。

床にはバドミントンコートの外枠ラインだけが2面分引いてあるだけで、天井もバドミントンをやるには低い。

もちろん、お金を掛けて専用の体育館を確保して、そこへ移動するバスを手配すれば、練習環境は整いますが、〝限られた予算でも工夫すればいろんなことができる〟ということを伝える意味でも、あえて不自由な合宿を企画していました。

現地入りした生徒が、練習に先立って行う作業は測量です。

2面分の外枠しか引いてない床に、メジャーで測って水性ペンでポイントを打ちます。

そのポイントを結んで、専用のラインテープを貼ってコートを完成させます。（最終日に剥がして掃除）

全日制時代は、この他に1面、ゼロからコートを作らせて、3面で練習を行っていましたが、北星高校は人数的に2面で十分なので、2班に分かれて、どちらが早く、きれいに完成させるか競争させます。

こうした経験を経ることで、〝体育館がなければバドミントンはできない〟という固定概念が崩れて行くのです。

ある日、専門学校に進学した卒業生が学校を訪ねて来ました。

「先生、穴が開いて使わなくなったネットありませんか？」と……

進学先の専門学校に小さなホールがあり、可動式のポールを買えば、バドミントンができそうなので、クラブを作りたい……とのことでした。もちろん2つ返事で、廃棄するネットをあげました。

さて、定時制の北星高校でも合宿が恒例となると、毎年全国大会へ進む選手が出るようになりました。

全日制高校運動部の全国大会であるインターハイは、毎年夏に全国各地で持ち回り開催ですが、定時制通信制高校運動部の全国大会は、毎年大部分の競技が東京で開催されます。

ただし、バドミントン競技だけは、毎年、隣県の小田原アリーナ（神奈川県）が会場で大会本部が押さえる宿泊施設は、ここ数年、湯河原。

神奈川の西端、静岡との県境の温泉街で、試合会場から30分ほどバスで送り迎えしてくれます。


　本部から割り当てられる湯河原の宿泊施設は毎年ほぼ決まっており、湯河原の中心街にある大きなホテルと奥湯河原の温泉旅館の2か所。

大きなホテルには、館内にコインランドリーもあり、外を歩けばすぐにコンビニもあるような便利な立地で、大会参加県の大部分がここに泊まります。

大会本部も、運営上ここ1か所で収めたいところですが、キャパ的に無理なので仕方なくもう1つ旅館を押さえているといった状況と推察されます。

三重県選抜チームも、毎年この大きなホテルが割り当てられていたのですが、2019年の夏、初めて奥湯河原の温泉旅館が割り当てられたのです。


　この年、北星高校は三重県選抜チーム12名（男女6名ずつ）の中に5名の生徒を送り込み、更にバックアップ要員として2名を加えた県内最大勢力として全国大会に行くことになっていました。

合宿を始めた年の1年生が最上級生の4年生となって迎えた夏です。

初めて泊まる奥湯河原の温泉旅館についてネットで調べると、駅まで4キロ、バスで20分。しかも洗濯機や乾燥機などの施設が無いことがわかりました。

私は内心〝やった～！〟とガッツポーズ！

出発前に、生徒を集めて再び3年前のあのビデオを見せたのです。

「みんな！　いよいよこれをやる時がやって来たぞ!!」と……

大会初日、開会式前の公式練習中に、アリーナの会議室で各県の代表者を集めて監督会議が開かれ、私は県選抜チーム代表監督として会議に出席しました。

ルールや大会規定に関する確認が行われ、最後に旅行会社からバスや宿についての連絡がありました。奥湯河原の温泉旅館については、「市街地に出るために使えるレンタカーを2台手配してあるので、申し訳ありませんが、各県が交代で使って買い物やコインランドリーに行ってください」とのことでした。

初日の開会式を終えて、バスに同乗して宿に向かうと一緒に乗り込んだのは京都・茨城。

他にもう1台バスがあったので、奥湯河原の温泉宿は6県ほどが同宿のようでした。

旅館では、三重県には教員部屋１、男子生徒１、女子生徒１の和室３部屋が割り当てられました。各部屋にトイレと洗面所はありますが、畳の和室に風呂は大浴場のみの「ザ・昭和の温泉旅館」です。

生徒が部屋に落ち着くと、早速、北星高校の４年生が１人教員部屋にやって来ました。

「先生、教員部屋の洗面所をお借りしてよろしいですか？」

生徒部屋の洗面所を、他の生徒が使い始めたに違いありません。

「おう！　順番に使っていいぞ！」

と返すと、すぐに、公式練習でびしょ濡れになった洗濯物を抱えてやって来たのです。

〝何が始まるの？〟と同室の他校の先生方が見つめる中、

奥原方式の洗濯が始まり手早くバスタオル脱水までやって帰って行きました。

同じ頃、生徒部屋でも、得意げにこの作業が繰り広げられたのでしょう。

まるで自分が、全日本の選手にでもなったように……

こうして北星高校の生徒から他校の生徒にも、奥原方式が伝えられたのでしょう、三重県選抜チームは、１度もレンタカーを使わずに、２泊３日、山奥の温泉宿を堪能しつつ自分の手で洗濯しながら全国大会を戦ったのです。

バドミントンの技術はまだまだですが、三重県選抜チームは「洗濯」については、今すぐにでも世界を転戦できるレベルなのです。

※嬉々として生徒が手洗いの洗濯に取り組む……
これには、３年前から合宿をして自分でその日の汚れ物を洗う訓練を積み、奥原選手というトップ選手の行動を提示して、遠征先で手洗い洗濯の必要性を十分理解させる準備が必要でした。

子どもたちの「挑戦の場」は、大人の準備次第なのです。

※読者の皆さんは、洗濯物を手で洗った経験がありますか？
下着や靴下の下洗いではなく、普通の洗濯を手で……

私は人生の中で、ほぼ40日間手洗いで過ごした経験があります。

大学の春休みを利用して、北京大学に短期留学した時のことです。

（１９８４年２～３月）

当時の中国は、穀物や綿製品の配給切符が留学生にも配られ、恵まれていた留学生寮にすら洗濯機はなく、洗濯板で40日間洗濯をしたのです。

まるで、自分の母親の世代を飛び越して祖母の時代にタイムスリップしたような貴重な体験でした。

夏休み中に1回ぐらい、子どもと手で洗濯をしてみる……そんな体験があってもいいように思うのです。その経験は、頻発する自然災害への準備体験としても有効だと思います。

8　失敗させるということ

２０１９年8月15日（木）９時10分頃、名古屋駅の新幹線の自動改札を通り上りホームへ、前寄りの階段を生徒とともに上りました。

この日、台風10号の影響で山陽新幹線は終日運休。

その影響で東海道新幹線にも55本の運休が出ていたのですが、我々の乗る列車は運休を免れました。

『第21回全国高等学校定時制通信制バドミントン大会』

小田原への旅立ちは、こんなきわどい状態でした。

「小田原停車のひかり」は1時間に1本。

これを逃すと、９駅先の小田原まで各駅停車のこだまで行かなくてはならない……

9時26分発の「ひかり５１２号」は名古屋を出ると次の停車駅は小田原。

到着時刻は10時58分。

大会前日に試合会場（小田原アリーナ）で11時55分から45分間割り当てられている三重県の公式練習。

このために走っているような好都合の列車なのです。

よって、早めにこの列車の指定席を押さえるのが、全国大会準備の第1歩。

当然、当日も余裕を持ってホームに上がり、暫く列車を待つ状態になったのです。

〝切符を集めようか？〟と一瞬迷ったのですが、時間があったので私の学生時代の話をすることにしました。

20歳の9月、ツアーでエジプトに行った時のことです。

入国してから、国内線の飛行機で移動（たぶんカイロからアブシンベルに）する途中、砂漠の真ん中にポツンと建っている小さな空港に、乗り継ぎのために降りたのです。

添乗員から次の航空券を受け取り待ち時間の間、自由行動となりました。

私は空港の外に出て砂の感触を楽しみました。1時間弱だったと思います……

さて、搭乗手続きの列ができ、私もそこに並んだのですが、渡されたはずの航空券がないのです！

真っ青になりました。

後ろに並んだ人々に順番を譲り、列から離れて荷物をひっくり返すが……出てこないのです。

私の異様な状況を見て、添乗員が駆け寄ってきました。

事情を話すと添乗員は、「搭乗手続きが終わったら、何とかします！」と……

列はどんどん短くなり、遂に私１人となった時！　航空券が出て来たのです！

被っていた帽子を脱いだら、そこに貼り付いていた……

と……こんなエピソードを面白おかしく語り、宣言したのです。

「私は君たちを大人扱いする！　切符は集めない！　自分で座席を確認して座り、責任持って管理しなさい！」と……

生徒７名の顔に、少しだけ緊張が走ったのがわかりました。

そして、彼らは切符を手に、車内に吸い込まれていったのです。

さて、全国大会を終えて一ヶ月も経たぬ間に、今度は東海大会（三重・愛知・岐阜・静岡の４県大会）がやって来たのです。

今度の遠征メンバーも前回と同じ７人。再び新幹線で静岡まで移動。

前日に静岡市に入り、会場を下見。

翌日の大会は台風の接近により開会式を省略して、いきなり競技に入りました。14時までに終えようと……

試合を終え大急ぎで静岡駅へ向うと、東に逸れた台風（千葉に大停電をもたらした台風15号）の影響で、東京発の新幹線は間引き運転が始まろうとしていました。

〝とにかく動いている列車に乗ろう！〟と来たこだまに飛び乗りました。

さすがに名古屋に着くと、ホッとしたものです。

私は先頭で自動改札を抜け、振り返って後に続いて来る生徒を確認していると、列から外れる生徒が１人……

ブルーのシャツに白く「三重」とバックプリントされたユニフォーム。

大会会場から着替えもせずに帰って来た、うちのチームの女子です。

どうやら、切符を探している……

改札の出口に止まっているチームメイトも、彼女に何が起きているのかがわかり、心配そうに見つめます。

私は部長に、「ここでは邪魔になる！　少し行って、邪魔にならないところで待っていて！」と先に行かせもう１人の引率教員T先生と彼女をしばらく見守りました。

彼女は大きな荷物も開けて探し始めましたが、明らかにテンパっている様子。

これは、私にとっては「想定内」のハプニングでした。

乗車券は、彼女の名前の学割証を出して、ＪＲ津駅で往復買っている！

特急券・指定席券は先ほど静岡駅でまとめて買ったばかりで、領収書も手元にありました。

私は改札越しに彼女に近づこうとした時Ｔ先生に止められました。

「大丈夫ですよ！」と……（私はこういう時に、〝もうちょっと〟が待てないのです）

Ｔ先生の言う通り、もう少し待つと、自分で切符を見つけ改札口を抜けてきました。

彼女と一緒に流れを進むと、何事もなかったかのようにチームも整然と待っていました。

その瞬間〝あ～　みんな成長したな～〟とつくづく思いました。

私はエジプトでの教訓から、その後、切符を意識して管理するようになり1度もトラブルはありません。

この日、彼女も人生において一つの大きな財産を手にしたと思います。

※　絵本『はじめてのおつかい』で「おつりを忘れないこと」と注意されていながら、

忘れてしまうみいちゃん。

「切符を失くさないこと」と注意されていながらどこかへやってしまう生徒。

でも、その経験が大事なのではないでしょうか？

経験させるためには、リスクを承知でやらせてあげる「挑戦の場」が必要だと思うのです。

第2章　まとめ

人に見られて背伸びをする時、子どもは成長する

おねしょなど、周りに話しにくい悩み事は、どこの家庭にも多かれ少なかれあるはずです。

でも、それを家庭内で抱え込むことは、問題解決を難しくしていくように思えてなりません。

ご自身が経験のないご夫婦の場合、その悩みは私の母より数段深いはずです。

〝これは大変な病気では？〟とあわててお医者さんに行く前に、勇気を出して両親や祖父母・近所のお友達に打ち明けてみて欲しいのです。

自分たちに経験がなくても、おねしょは意外と世の中に多いことなのです。

だから昔話にも度々登場するのです。

『ねしょんべんものがたり』（椋鳩十　編：梶山俊夫　絵：童心社、1971年）という単行本があります。

おねしょにまつわる有名作家の自伝的な短編のお話が24本収められており、一昔前の日本の暮らしの中で、おねしょをしてしまう子どもの心境が見事に描いてあります。

小学生が自分で読めるように、全ての漢字にルビが振ってある本です。

この本は、経験がない方にとっては、単なる粗相の笑い話ですが、おねしょをする子どもにとっては〝うん、その気持ちわかるな～〟という共感話の宝箱なのです。

1971年に発行され重版を重ねた名作なので、お近くの図書館に行けば、たいてい読むことができるはずです。

おねしょは単なる1つの事例であって、こうした「プライベートな悩みを打ち明けることができ、外から協力してもらえる人々」

そうした関係の親戚や友達の家庭を作ることは、子どもの「育つ権利」を保障するうえでも大切だと思います。

話題を変えます。

バドミントンの全国大会に行った、三重県選抜チームは1人もコインランドリーのお世話になりませんでした。

私のチームの生徒は、奥原方式を他校の選手や顧問の先生が見ている前で、嬉々として取り組むことにより大きく成長したと思います。

これがホテルの1人部屋だったら〝面倒くさいな〜〟と、心は後ろ向きになっていたかも知れません。

人に見られているから背伸びができるのです。

更に、皆様に目を向けて頂きたいのが同室の他校の生徒たちです。

定時制高校のバドミントン部で、合宿をやっている学校など三重県内に北星高校しかありません。

したがって、彼らは泊まりに行って練習で使った汚れ物を洗濯した経験もなければ、奥原選手のビデオも見ていないのです。

そんな彼らこそが、見よう見まねで、思いっきり背伸びをして洗濯をしたはずなのです。

つまり、この全国大会で一番成長したのは、同室の他校の生徒だったと私は思うのです。

私のチームのような準備をして来なくても、やらせてみれば、どのチームの生徒たちにも汗汚れのユニフォームを手洗いできる潜在能力があったのです。問題は子どもの心の中の「動機」なのです。

手で洗濯をするにも、

「ここは洗濯機がないし、レンタカーで街に出るのが面倒だから、手で洗え」

と言われたらどうでしょう？

生徒たちは嬉々として洗濯に取り組めるとは思えません。

子どもたちに背伸びをさせる時は「本人が前向きであること」がとても重要だと思うのです。

例えば、私が台湾旅行に行く当日、電車で行こうと思っていたが寝坊して乗り遅れ……

日曜日の朝、家族全員を叩き起こして、

「自転車で『なぎさまち』までみんなで送れ！」と言い出したらどうでしょう？

やることは同じでも、子どもは前向きになれるとはとても思えません。

悪筆にしても、笛にしても、ピアノの発表会にしても、いくら「第3者の前でさらけ出す機会が成長には必要だ」と言ってみても、本人の〝上手くなりたい〟という気持ちがなければ効果は望めません。

「本人が前向きであること」……これが一番大事なのです。

「参加する権利」すなわち、やるかどうかは本人の自由意思が保障されている状態において、あくまでも自分から進んで行う行為でなくては意味をなしません。

本人が「嫌だ」と泣き叫ぶ状況で、「これは、あなたの成長のためだから……」などと言って、無理やりやらせることは虐待です。

「子どもが前向きな気持ちになれる状況の準備」……これが肝要なのです。

本章では、『人に見られるから背伸びができる』と題して成長には第3者の視線が必要だというエピソードを並べて来ました。その成長の根底には本人が前向きに取り組むことの必要性を説いてまとめといたします。

次章では、『化学変化』と題して背伸びをしてチャレンジした結果が生んだ、予想外の効用について紹介していきます。

うきうきコンサート

第3章　化学変化

1　暮れの思い出

巷にクリスマスソングが流れ出すと、思い出すことがある。もう30年以上も前の話です。
当時、大学生だった私は会社勤めの父を、ほぼ毎朝、生田駅までクルマで送っていました。川崎市営バスの路線が通っており、バス停で5つほどの距離です。
父は、小田急線が相互乗り入れしている地下鉄千代田線の大手町駅近くの会社に勤務しており、当然、市バスの定期券も持っていたのですが、免許を取って日が浅い私の「練習を兼ねての日課」でした。

私も学生生活があるので、父の帰りは基本的にバスでしたが、忘年会シーズンになると迎え要請の電話が入ることも多かったのです。

携帯電話などない時代なので、飲み屋を出て電車に乗る前か、生田駅に着いてから公衆電話から掛かってくるのです。これによって、私がスクランブル発進することになります。

朝型の私は夜が苦手で、いつ掛かってくるかわからない電話に対して待機するのは、正直苦痛でした。

待っていても、時にはタクシーで帰って来て空振りに終わることも……
迎えに行く場所は、人気が多いタクシー乗り場の手前。クルマを待つのには安心です。
終バスが出た後のタクシー乗り場は長蛇の列。

そこから少し離れたところに父は立っており、迎えのクルマを認めると、決まって列の人々に向かって、

「長沢団地方面！　乗りませんか？」と声を掛けるのです。

実は、私はこれが気恥ずかしかった……

そして、ハンドルを握ったまま、ある種の冷めた目で見ていたのです。

〝ほろ酔い気分のおじさんの呼び掛けになど、誰が応じるだろうか？〟と……

ところが、ある寒い夜、列から抜け出て歩いて来る人がいたのです！

父はいつものように助手席に、そして後部座席に乗り込んできた人は……何と！　女性だったのです！

家の方面を聞いてクルマを出すと、私の疑問を察してか、女性の方から身の上話を始めました。

腎臓が悪く、週2回は透析に通わなければならないこと……

そんな身体でも、自分が働かなければ暮らしが成り立たないこと……

だから、透析には仕事が終わってから行くしかないので、どうしても帰りがこんな時間になってしまう……

今日はとびきり寒くて、途方に暮れていましたと……

父と2人……彼女の話を黙って聞きました。

それからの私は、父の電話を積極的に待つようになったのです。

そして、迎えに行った時は運転席から降りて、父と一緒に列に向かって呼び掛けることにしました。

「乗りませんか?」と……

でも……あの晩の1回きりでした……

※私が高校1年の時に、父は大阪に転勤して単身赴任を始めました。

厳しい父が居なくなったので、母と妹2人の中で私は伸び伸びと羽を広げて高校時代を過ごしました。

大学1年の時、父が東京に転勤となり帰って来たのです。

家の中で態度が大きくなっていた私は、父と事あるごとにぶつかりました。

そんな関係だったので突発的な夜の「迎え」に対しては、双方に微妙な感覚があったのです。

それが、見ず知らずの女性を乗せた晩からまるで2人の共同作戦へと変化したのです。

本来「迎え」のような家事は第3者が絡むものではありませんが、あの晩、私と父はあの女性に親子関係を矯正してもらったように思えてならないのです。

2　お前は今、飛び込めるのか？

冬になると、雑巾を絞りながら自問するのです。

〝お前は今、飛び込めるのか？〟と……

1982年1月。

当時、私は大学1年生。

春休みを使って近所の自動車学校に、免許を取ろうと通い始めたところでした。

この時期の自動車学校は一番混むのです。朝から行って学科をどんどん進め、空き時間は待合室で教本を勉強しながら、ひたすら実技のキャンセル待ちをしていました。

そんなある日、待合室にあったテレビから流れて来た映像に釘付けになりました。

アメリカからのニュースです。

1月13日、厳冬のワシントンで、結氷したポトマック川に離陸直後のフロリダ航空機が墜落。飛行機の破片や割れた氷が浮く川面に、生存者がほんの数名浮いている……

岸からロープが届く距離ではありません。

ヘリが飛んで来て、浮き輪付のロープを下ろして一人ずつつり上げては岸に運ぶのです。

今ほど救助器具も発達していませんでした。

この救出劇の中で、衰弱した女性複数人に救助の順番を譲り、自らは力尽きて沈んでしまった男性のことが、後々大きく取り上げられましたが、18歳の私が衝撃を受けた映像はこの男性が順番を譲るシーンではないのです。

浮き輪を掴む力も無く、途中で放してしまった女性が、力無く川面を漂い、正に沈んで行ってしまうのでは？　という瞬間！

何と、岸にいた青い上着の男性が着の身着のまま飛び込み、泳いで行き、沈みゆく彼女をこの世に連れ戻したのです！

（この映像は、今でも動画投稿サイトで見ることができます）

その日、家に帰って私は、冷たい水に手を突っ込みながら反省しました。

当時、私に割り当てられていた家事が風呂掃除だったのです。

家族５人（両親と娘２人）が前日に入った風呂の水を落としながら、湯垢を掃除して、きれいな水を張り直して沸かす。

夏は苦もなくできる作業ですが、冬の夕方に学校から帰って来て、冷え切った水を抜きながら行うこの作業は、はっきり言って苦痛でした。

しかし、あの映像を見て帰って来た夕方、風呂掃除の時に思ったのです。

〝氷が張っているような水ではない！

見ず知らずの人のためどころか、自分が使った風呂ではないか！

これを苦痛に思うなんて……自分は何と小さい人間だったのか？〟

それ以来、冬の水仕事が苦痛ではなくなったのです。

教師になってから、担任をしたホームルーム教室の黒板の桟は、掃除の時間に必ず水拭きをしました。

これは私の「商売道具」、絶対に生徒任せにはしません。

冬でも、トイレ前の流しで雑巾を洗っていると、私の手元を覗き込んだ生徒が驚いて聞きます。

「先生！　冷たくないんですか？」

「冷たいよ！　でも、きれいになるだろう？」と笑顔で答えながら、その子の顔を見て自問するのです。この子が水面に浮いていたら、〝お前は今、飛び込めるのか？〟

零度の水に飛び込み、生徒を助け上げて泳いで連れ帰って来る……

そのことを思えば、自分が使った黒板をきれいに掃除することなど、はっきり言って楽勝です！

厳冬期の水は「冷たい」を通り越して「痛い」のですが、精神的には全く苦痛はないのです。

むしろ、〝いつものことを、手抜きをせずにやり切った〟という充実感でいっぱいです。

私がフルタイムで働いていた頃、我が家は妻が専業主婦の完全分業制でした。

私は5時に起きて6時に家を出るので、妻は4時には起きて朝食と弁当の準備をしていました。

逆に子どもたちは夜型なので、妻は一体何時間寝ていたのか？

そんな妻が日曜日の夕食後、居間でウトウトしている……

私は朝が早いので8時台には寝室にあがって行くのですが、夕食の食器で埋まっている流しを目にすると、例のセリフが心に響くのです。

〝お前は今、飛び込めるのか？〟

そう言われると、チャレンジしたくなるのです。

冬の夜、もちろん湯は使える台所なのですが、あえて水で洗って布巾できれいに拭くと何と10分も掛らない！　結氷したポトマック川に飛び込むよりチョロイ！

翌朝、起きて居間に降りていくと妻が、

「昨日の晩、魔法だった！」

「そう！　それは良かったね！」と笑顔で応えるのです。

最後に教諭として過ごした高校で、私は朝の黒板掃除を日課としていました。

単位制だったその高校は、ホームルーム教室というものが存在せず、掃除は毎日行われるわけではありませんでした。

私はその高校の教務主任となった年から、毎朝、教室がすぐに授業に使える状況になっているのか？　見回っていました。そのついでに黒板を掃除するのです。

チョークで文字を書くのがためらわれるような状況にしておけば、授業をする教師の気持ちはいいし、板書は丁寧にならざるを得ません。だから鍵の掛かっていない８つの普通教室を回って黒板を丁寧に拭くのです。

そして、仕上げは桟の水拭きです。

夏は気持ちがいいのですが、冬になると例の自問の声が聞こえ出すのです。

〝お前は今、飛び込めるのか？〟

三重県でも、冬の一番寒い日は「痛い」を通り越して感覚がマヒした状態になります。

でも、これを乗り越えると、翌朝の冷たい水でも〝ぬるいな〟と感じるから不思議です。

２月に入ると、確実に春の陽射しとなりいつのまにか〝お前は今、飛び込めるのか？〟との自問も消えてゆく……

すると、春の卒業式がやってくるのです。

3 『歩く会』のもたらしたもの

津商業高校に転勤して2年目の11月。

バドミントン部の休日練習として、津から松阪までの20キロを歩く練習を企画しました。

バドミントン部は、私が転勤して来た当初、休日練習を行わないクラブでした。

別に、青春をバドミントンに捧げる必要はないし、他にやりたいことがある生徒が加入できる運動部として、貴重な存在でしたが、放課後の短い時間だけでは基本的な技術をじっくり練習できないという難点もありました。

そこで私は、「土日の片方だけでも練習しないか?」と切り出したのですが、週休2日のつもりで入部してきている生徒たちから強い抵抗に遭いました。

その気持ちもわかるので、私は『練習会』と称して先ずは自主参加の日曜練習を始めたのです。

その『練習会』が日曜練習として定着した2年目の秋、20キロを歩く練習を企画したのです。

バドミントンはラケットスポーツですが、実は足のスポーツなのです。

もちろん、ラケットを扱うテクニックも必要ですが、そのテクニックも、足で移動して正しい打点に入らなくては使えないのです。

つまり、地味なフットワーク練習の土台の上に、あの華麗なラリーが成り立っているのです。

その地味で苦しい下半身強化に取り掛かるきっかけとして企画したのが『歩く会』（20キロ歩く練習）なのでした。

「走る」のではなく「歩く」なのですが、きついトレーニングをしてきたわけではない普通の高校生を20キロ歩かせることは、とても大きな冒険でした。

何しろ、今の高校生は長く歩いた経験が乏しいのです。

小学校の低学年であれば少し歩いて遠くに行く学校行事があったりしますが、かつては定番だった遠足の「登山」も、今や学校行事としては絶滅危惧状態です。

恐らく、今の高校生は10キロ以上歩いた経験がある人は、かなりの少数派だと思います。

そんな高校生たちを、どうやって20キロ歩かせるのか？　そこで私が取った秘策は2つ。

1つは、江戸時代に伊勢詣での人々が通った旧参宮街道を歩くこと。

道幅が狭く、クルマの通行量が少ないのと、鉄道が並行して走っているので途中でギブアップしても安心だと考えました。

もう1つは、幼稚園児の私の娘を連れて行くこと。

幼稚園児が一緒に歩くことで、〝こんな小さな子が歩いているのだから……〟と弱音は吐けなくなります。

つまり、娘という第3者を集団の中に放り込み、生徒に背伸びをさせようと狙ったのです。

しかし、2つ目の作戦には更なる不安もあったのです。

長男の幼児期は、私が夜間定時制勤務であったこともあり、一緒に歩く機会が沢山ありました。

ところが、娘の幼児期は私が全日制高校勤務となったため、一緒に歩く機会は遥かに少なくなっていたのです。その少ない機会にさえ、彼女は長く歩かず、すぐに私に甘えて、「抱っこ!」とねだる子だったのです。

そんな娘が果たして歩いてくれるのか?

さて、当日の朝、バドミントン部は真教寺に集合しました。

このお寺は、お堂の真ん中に閻魔王座像が安置されており、地元では『エンマ堂』と呼ばれています。

津城下の南外れに位置し、悪霊の町への侵入を防ぐ目的で建てられたと言われており、ここから南に向けて旧参宮街道が、松阪を経て伊勢へと続いているのです。

気持ちよく晴れ上がった空の下、『エンマ堂』にお参りして、出発の集合写真を撮って歩き始めました。

津市も空襲で焼かれた町ですが、ここから南側は焼け残った昔ながらの町並みです。

私はすぐに娘を生徒の手に託しました。手元に置くことでの甘えを封じようと思ったのです。

娘はその生徒と機嫌よく先頭付近で歩いて行きます……

恐らく、いろんな会話が交わされたことと思いますが、私の心配をよそに、私との距離はどんどん離れていきました。

私の方も、歩調が合う生徒と一緒に歩き、いろんな話ができました。

運動部の顧問をやっていると、よく〝楽しんでトレーニングができないか？〟と考えたものですが、普段通らない旧街道を歩調が合った仲間と話しながら歩き、たまに現れる道標や案内板の説明を読みながら進む行程は「20キロ歩く」という単調な練習メニューに取り組む心を十分に和ませてくれました。

河原でお弁当を開く頃、娘は呼ばなくては私の手元に戻って来なくなっており、〝生徒も娘も歩き通せる〟と私は確信しました。

そして、当初の心配をよそに、余裕を持って松阪に到着できたのです。

生徒たちは20キロを歩き通す潜在能力を、十分持っていたのです。

むしろ、歩き終えた時の様子から、〝運動部の練習としては目標設定が低かった〟と反省するほどでしたが、それ以上に誤算だったのが娘なのです。

幼稚園児が20キロを歩き通せるなど、全く予想していませんでした。

〝愚図って途中で動かなくなったら、日頃の埋め合わせとして背負って歩き、厳しい親の現実を生徒に見せればいい……〟密かにそんな覚悟を決めて臨んでいたほどだったのですから……

これが娘と2人だったら、半分の行程でも無理だったと思うのです。

普段の散歩ですら、「抱っこ！」なのですから……

これは、生徒と娘がお互いに第3者として刺激し合い、背伸びをし合った産物以外の何物でもありません。

この『歩く会』という晩秋のトレーニングは、毎年コースを変えて継続し、遂に伊勢から津までの40キロを歩く練習へと発展していきました。

40キロという距離は、運動部のトレーニングとしての役割を十分に果たす距離だったと思います。

マラソンでもよく言われますが、〝30キロを超えてからが苦しい……〟

歩きでも、30キロを超えると足の裏にマメができて、それがつぶれたり……

20キロでは見られなかったトラブルが襲い掛かり、足取りも口も重くなるのです。

もちろんそれは、生徒だけに降り掛かるものではなく、顧問の私にも平等に……

そんな中、小学生になった娘も40キロを歩き通したのです。

こうして40キロを歩いた生徒の中から、伊勢にある教育系の大学に進学した生徒が出ました。

商業高校としては珍しい進路ですが、大学入学早々、「高校時代の一番の思い出は？」と尋ねられた彼女は間髪入れずに「伊勢から津まで歩いたことです」と答え、驚かれたそうです。

その彼女、今では小学校で教壇に立っているのです。

※私は大学時代50キロを歩いた経験があります。母校の大学には、都心の後楽園キャンパスを土曜の夜にスタートして、郊外の八王子にある多摩キャンパスまで夜通し歩く『ナイトハイク』という行事があったのです。〝50キロなら歩いて行ける〟とい

う自信は、私の人生の大きな財産となりました。

今は、この行事も消えてしまいました。

4　働き方改革を進めたトライ

三重県高等学校総合体育大会を終えたさわやかな6月の朝。

職員室でパソコンを開いていると、この年、赴任して来た女性教頭のつぶやきが聞こえてきたのです。

高3の息子さんのラグビー部最後の試合を応援に行ったところ、見事、東海大会（三重・愛知・岐阜・静岡の代表によるブロック大会）に勝ち進んだそうです。

彼女は新任教頭としての研修や出張、新しい環境での管理職としての仕事に忙殺される日々なのですが、何と、その東海大会が教頭としての仕事とぶつかってしまっているというのです……

つぶやきを耳にした隣のもう一人のベテラン教頭は、

「教頭の代わりはいる！　いくらでもバックアップするので行くべきだ！」と即答。

三重県立北星高校は定時制昼間部・定時制夜間部・通信制の3つのカテゴリーに、それぞれ担当教頭を置いているので、教頭は3人おり、新任の女性教頭は通信制担当でした。

〝行くべきだ！〟と背中を押したのは、私が所属する定時制昼間部の担当教頭。彼と私は同じ歳です。

私は彼の助言を継いで、自らの経験を次のように語って支持しました。

私は、自分の息子が中学校に入る時、彼に1つだけ頼んだのです。

「何でもいいから、中学校だけは運動部に入ってくれ！」と……

息子は、キビキビと物事をこなすタイプではなく、むしろマイペース。

機械に対する興味が人一倍強く、放っておけば、恐らく「コンピュータ部」だったと思います。

決して〝コンピュータ部が悪い〟という意味ではありません。

そういう世界に進むのであれば、〝せめて中学生時代ぐらいは仲間と汗を流して欲しい……〟という親心です。

そして、付け加えました。

「バドミントン部なら道具面のバックアップは万全だ。ただし、『神田』というゼッケンを着け、その顔で試合に出て行けば、俺の息子だということがバレバレだぞ……」

(市内の中学校の先生方は、ほぼ知り合いなのです)

息子は様々なクラブを見に行った後、バドミントンのラケットを手にしました。

始めたからには、親として協力しました。

自分が顧問をする高校の練習に誘ったり、夜の社会人クラブの練習に一緒に連れて行ったり……

小学校時代からラケットを手にしていた同級生や後輩たちもいる中で、彼が置かれているクラブ内の位置は「中の上」ぐらいだったと思います。

中３の夏、彼が通っている中学校、つまり我が家の校区の中学校で地区大会が開かれたのです。

たまたま休みで家に居た私は、ふと思ったのです。

〝最後ぐらいは見に行ってみようか？〟と……

普段からバドミントン部の顧問として、窓を閉め切って暗幕を張った体育館で多くの時間を過ごしている私は、〝休みの日まで……熱気ムンムンの体育館に行くか？〟と迷いましたが、たまたま家に居るのは、「行け！」という啓示だと思い直して家を出ました。

体育館の入り口からは案の定サウナのような熱気が噴き出ていましたが、これは想定内です。

息子や同級生たちに見つからぬように、２階のキャットウォークに上がり、手すりに鈴なりになっている中学生や保護者の間から覗くと、何と！　真下のコートで正に息子がダブルスの試合をしていたのです。

　息子は同級生の一線級とではなく、下級生と組んで最後の試合を戦っていました。

　しかも、明らかに劣勢のままゲームは終盤……


　その時、偶然息子がキャットウォークを見上げ目が合ったのです。〝見つかった……〟

　彼は恐ろしい能力を持っており、こっそりと我々夫婦が何かをしようとしても、先に発見してしまうのです。妻はその能力を〝親族探知機〟と呼びますが、この状況でも見事にその能力を発揮したのです。

　その後、ハラハラと見つめる私の下で、劣勢をひっくり返してそのゲームを取り、最後の夏に、地区大会3位の賞状を手にしたのです。

　たまたま仕事が休みだったという偶然ですが、親として「一番美味しい瞬間」を見られたと思うのです。


　こんな経験を語って、私は新任教頭に言いました。

「絶対後悔するぞ！　行くべきだ！」と……

　更に「〝働き方改革〟を唱えるなら、管理職として率先垂範すべきだ！」と、トドメを刺したのです。

さて、その数週間後の日曜日、私は全商簿記検定のために休日出勤しました。

定時制所属の私は休日ですが、通信制は日曜スクーリングで普段通り学校は動いています。

少し早めに到着し、定時制職員の席にポツンと座り、ネットで検定の実施情報を確認していると、私を見つけて通信制の新任教頭が声を掛けてきたのです。

「神田先生！　昨日、行って良かったです！」　満面の笑みで……

小さい頃からラグビーをやっていた息子さんですが、同級生たちより遅れて、高2の秋にようやくリザーブとしてゼッケンがもらえたそうです。

そして、3年になって試合にもポツポツと出られるように……

その彼が、東海大会で何と！　初トライを挙げた！　との報告でした。

朝から心が温かくなりました。

「皆さんに勇気を与えるようなプレーをしたい」スポーツ選手がよく、そんな言葉を口にしますが、私は〝それは君を知っている周りの人に対してであって、私には関係ない〟といつも冷めた心で聞いていました。

確かに芸術やスポーツで、全く知らない人に感動や勇気を与える瞬間はあると思います。

ただそれは、ほんの一握りの突き抜けたトップの人だけが成し得ることであり、〝軽々しく口にして欲しくない〟と……

ある時、五輪のメダリストが語っていました。

「応援してくれた人たちに慰めの言葉を語らせない！　そのために「銀」ではなく「金」が必要なのだ！」と……

東海大会の応援に行った新任教頭は、息子さんが結果を残せなくても、恐らく、親として満足したでしょう。

でも、職場で報告はできたでしょうか？

仕事を代わってもらったベテラン教頭に対する想いは？

息子さんの初トライは、その全てを振り払ってしまう大きな力があったことは間違いありません。

更に、これからまだ長い管理職人生がある新任教頭を通して、間違いなく、見ず知らずの人に波及するのです！

〝三重県の働き方改革を推し進める歴史的なトライ〟であったと私は思うのです。

5　教師を育てた2人の女生徒

1991年4月。6年勤務した都立高校を退職し、28歳の私は三重県にやって来ました。

この地での初任校は三重県立津実業高校。

1学年普通科2クラス・商業科1クラスの夜間独立定時制高校です。

その1年生商業科の担任になりました。


クラスはたったの8人……と言っても中身は濃い。

新入生5人に留年生3人。

5人の新入生の中に、中学新卒者は3人。あとの2人は成人で、成人の1人は私と同じ28歳の男性。もう1人は50歳の女性Tさんでした。


都立の前任校は定時制併設校で、全日制に所属しながら夜の授業も担当したことがあり、自分より年輩の方を教えた経験はあったのですが、まさか教師生活の中で、自分が母親のような年齢の女性の担任をするとは思いませんでした。

正に、山田洋次監督の映画『学校』（松竹：1993年）の世界でした。

新学期が始まって暫くした頃、「起立！　礼！」と授業の最初の挨拶が終わって着席すると、決まってTさんが机の中に手を入れ、何かゴソゴソと作業をすることに気付いたのです。カセットテープレコーダーの録音ボタンをそっと押しているのでした。

Tさんは、帰宅後、晩ご飯を出して家事を済ませ、旦那さんが寝た後の深夜に、今日あった4時間分の授業を、テープを聞きながら復習されているとのことでした。

高校に行くチャンスに恵まれなかった50代の女性がようやく進学の夢を果たし、家に帰ってから復習するために毎回授業を録音している……

いい加減なことは絶対に言えません。全て証拠に残ってしまうのですから……

このプレッシャーの中で授業をした4年間は、教師としての私の根幹を作ってくれました。

4年間、私が担任をして持ち上がり卒業を迎えた日のこと。

初対面の旦那さんから、「先生の簿記、わかりやすかったですよ！」と思わぬお褒めの言葉を頂戴しました。

市役所にお勤めの旦那さんも、途中から私のテープで簿記を勉強されていたとのこと。

私の教員人生の中で頂いた「珠玉の言葉」として、今も心に残っています。

さて、その後10年間の全日制高校勤務を経て、私は再び定時制高校（北星高校）にやって来たのです。

充実した日々を送っているものの、ふとTさんのことを思い出し、「簿記の授業で科目履修生を募集してみたい」と教科の先生方に持ちかけてみました。

単位制高校である北星高校は、一般の人が、自分が学びたい科目だけ、高校生とともに勉強できる「科目履修制度」があります。

北星高校の授業は、科目を選択した生徒だけが教室にやってくるので、全日制のように、常に教室いっぱいに生徒が座っているわけではありません。

更に、卒業に必要な「必履修科目」ではない「選択科目」であれば、定員に余裕がある授業もあるのです。

「科目履修制度」は、そんな授業を地域社会に公開し、興味がある方に学びに来て頂くという、社会還元事業の1つなのです。

もちろん、私が簿記で科目履修生の募集を持ちかけたのは、この〝社会貢献〟という視点もあったのですが、本当の意図は、〝高校生たちへの刺激〟です。

Tさんのように、年配の方が真摯に学ぶ姿を間近で見ることで、高校生たちの学びを刺激できたら……

つまり、〝自分の授業の手助けをしてもらう〟という下心だったのです。

同僚の了解を得て、〝１人でも社会人の方が受けに来てくれないか……〟と淡い期待の元、募集をしてみると……果たして、１人の受講申し込みがあったのです！

Hさんという、私と同じ干支の一回り年上の、お孫さんもお持ちの60代の女性でした。

Hさんは、その年の４月から翌年の９月までの１年半、簿記①～③と半期の科目を３期連続でお金を払い、貴重な人生の時間を使って、拙い私の授業を受けに来てくださったのです。

用事で欠席する場合は事前に申し出があり、次回分の授業プリントを必ず持って帰られる姿は、正に「受講生の鑑」でした。

老眼が進み始めたベテラン教師の私にとって、Hさんが起こす数字の読み間違いによる凡ミスは他人事とは思えず……

教材や板書においても、自然と「読みやすさ」を意識するようになりました。

そして、歳を行ってから学ぶことの困難さを、実感を込めて高校生たちにも語ることができたのです。

「いいかい！　勉強するなら今が一番頭に入っていく時だよ！」

かつてＴさんの担任をしていた頃には話せなかった話題です。

Ｈさんは地道に実力をつけ、生徒とともに全商簿記検定も受験され２枚の合格証書を手にされました。

一緒に学ぶ生徒にとって、どれだけ刺激になったか計り知れません。

それだけではありません。

一緒に受講中の生徒が生活体験発表会（弁論大会）の県大会への出場が決まると、わざわざ会場まで発表を聞きに来てくださるなど、生徒の良き理解者であり強力な応援団でもありました。

「旅行に行ったので……」と講座の生徒や私にお土産を持って来てくださったり、暑い時期は、「塩分補給しなきゃだめよ！」と梅干アメを配ってくださったり（もちろん、授業中ではありません）たまたま授業を選択して集まっただけの生徒たちが、次第に一つのクラスのような雰囲気になっていきました。

9月に1年半の講座を終えた後、Hさんは11月の日商簿記検定に挑戦されました。

教科書に準拠した全国商業高等学校協会が主催する全商簿記検定は、学校のグラウンドでの公式戦。

これに対して日本商工会議所が主催する日商簿記検定は、球場での公式戦。

一般に社会人の方が挑戦をする簿記検定は、この日商簿記検定です。

Hさんの姿に刺激されて高校生も3人が挑み、見事に全員が合格証を手にしたのです。

TさんとHさん。このお2人にとって、若い高校生と机を並べて勉強することは相当なチャレンジだったはずです。

でも、そのチャレンジの隣で一緒に学べた高校生たちは何と幸せな日々だったか……

そして、一番幸せだったのは紛れもなく教壇に立っていた私でした。

いつの間にかベテラン教師となってしまい、授業の批評を受ける機会がめっきり減ってしまっていた私にとって、こうした勇気ある方々の前に立って授業をする機会を得たことは、謙虚に自分の授業を見直すことができるかけがえのない貴重な日々でした。

教師は生徒によって育てられるのです。

第3章　まとめ

第3者のもたらす化学変化

家事や勉強・トレーニングなどは、第3者の視線がないところで、淡々と続けなくてはならず、自分を律して、前向きに取り組むことが難しいものです。

ただ、本章で語って来たように、第3者に関わってもらう工夫によりマンネリ打破の可能性が大きいのです。

私は、そんな効果を狙って「歩く会」や「科目履修生の募集」だけでなく、普段から、第3者の視線を意識して利用してきました。

いや「利用して」などという言い方は失礼で「ご協力頂いて」と訂正いたします。

例えば、私は自分の授業を頻繁に公開してきました。

新たな取り組みや、アプローチ法などを試みる時に催される研究授業ではなく、「今日、こんな分野をやるので興味がありましたらどうぞ……」という雰囲気で、同僚に声を掛けて、気軽に見に来てもらうのです。

特別な準備はせず、普段の授業をやるだけなのですが、公開のタイミングは、〝生徒に大切なことを伝えたい時〟です。

後ろに第3者が立つことで、よそ行きの緊張が漂い、生徒の集中力は増します。

つまり、授業公開は「生徒の聞く姿勢作りのサポートのお願い」なのです。

教室の後ろに1時間、ただ立っていてもらうだけ……

実はそれが、生徒と私にとって絶大な支援でした。

近頃、保護者向けに学校参観日と称して「どの時間帯の授業でも見に来てよい日」を設定する学校が増えて来ました。（コロナ禍で残念ながら下火になりました）
自分の子どもの様子も気になるところだとは思いますが、関係ないクラスにフラッと入って行って、後ろに立っていることは、未来を担う子どもたちの背伸びを促す、有意義なボランティアだと言えます。

学校参観日を設定しても、誰も授業を覗きに来ない……

これでは、生徒も先生も刺激になりません。

私が勤務していた高校では、授業を見に来るのは、入学希望の中学生やその保護者が大部分で、生徒の保護者は、役員会議にやって来たPTA役員の方ぐらいでした。

確かに、不審者対策で学校へ入る場合は、受付をして名札の着用を求められるなど、ハードルが高くなりました。

そのことにより、参観を見送るのは〝もったいないな～〟と思います。

私は同僚の授業を見に行くのも好きです。

実は、今の高校の授業は先生方がそれぞれ工夫を凝らしています。

ＩＣＴ（情報通信技術）機器が整備され、スライドや動画などが利用しやすくなり、単発で授業に入って行っても、さながら教養講座のような感じでかなり面白いのです。

そういった意味でも、学校参観日はお薦めです。


さて、本章では第3者の視線は、2章で指摘した「子どもたちの背伸びを促す」だけでなく「周りの大人へも少なからぬ影響を与えている」というエピソードを拾って来ました。

しかし、現代の子どもたちの暮らしからは、この第3者と触れ合う機会は、減少の一途をたどっています。

かつて家事の中で、第3者と自然と関わりが持て、子どもたちに「育つ権利」「参加する権利」を保障する役割を担っていた「おつかい」が暮らしの中から姿を消していったことが顕著な例ですが、家庭では親子、学校では先生と生徒、という2者による「閉じた世界」へと変化してきています。

第3者が絡んだドキドキ体験の不足から、子どもたちは失敗や叱られることに慣れておらず、学校では壊れ物に触るような、当たり障りのない対応が席巻していきました。

「安心・安全」の名のもとに……

更に、その傾向がエスカレートして、本来は子どもたち自身が担うべき役割にまで大人が手を出してしまっている状況も随所に見えます。

それは、〝子どもが失敗しないように〟という親切心からであったり〝失敗の尻拭いをする手間を省くために〟という大人側の都合であったり……

動機は様々ですが、今、世の中で盛んに唱えられている「安心・安全」という言葉は、私には「子どもに対して挑戦する機会を準備しないことの隠れ蓑」となっている気がしてならないのです。

最終の次章においては、子どもを取り巻く今の社会の問題点と、「育つ権利」「参加する権利」をどうやって保障していくべきか？

教師として、そして親としての経験を通して私なりの考えを語っていこうと思います。

第4章　「子どもがおつかいに行ける社会」に向けて

1　大事なことは自分で

東京から三重県にやってきて、奇異に感じたことが1つあります。

教師として高校に勤めていながら、入試の出願が始まったという実感が湧かないのです。

関東地方では、高校入試の出願日となれば、大勢の受験生が事務室前に長蛇の列を作ります。これが季節の風物詩なのですが、三重県ではこれが見られないのです。

私自身は神奈川県に住んでいた中3の時に、自分で志望校に出願に行きました。

同じ高校を受ける同級生と、電車に乗って都内の私立高校へ。

そして、近所の県立高校には徒歩で……

出願受付は平日に行われるので、授業がある日に出願の生徒だけが行きます。

中3の3学期ではありますが、クラブの公式戦に行くように学校を抜けて出掛けるのです。

出願に行く高校が、本命なのか？　第2志望か？

心中は人それぞれですが、繁華街を通る出願では、ファストフード店に入って、遠足気分を堪能したという同級生も……

私自身は都内の私立に行ったことは、全く記憶にないのですが、自分の母校となった県立高校の出願日のことは覚えています。

当時、神奈川県は県立高校百校増設計画の真っ只中。

私の志望校は、造成地の外れにピカピカの５階建ての校舎が建っていました。

校舎の南側に沿ってアプローチの道路があり、その行き止まりが校門。

校門を入るとすぐの、校舎の端に職員玄関があり、そこに事務室の窓口が隣接されていました。

出願日には、その事務室の窓口に向けて受験生が長蛇の列を作るのです。

公道の歩道にもはみ出して……

その先には学校しかないので、迷惑にはならないのです。

当時は45人学級。

10クラス規模の学校だったので、募集定員ピッタリの人数が並んだとしても４５０人が列を作る……

もちろん、受付時間に五月雨式にやってくるのですから一度に全員が並ぶわけではありませんが、時間帯によっては軽く１００人を超えるでしょう。

列には当然、見慣れぬ制服が沢山あるのです。

〝あ〜　この人たちと入試を競うのだ〟という、少なからぬ緊張感とともに、

〝この中に、同級生となる人もいるかも……〟という期待でチラッと目をやったりもし

ます。

出願の列は止まっている時間の方が長く、たまに思い出したように進みます。

1人1人、書類の不備が無いか確認を受けて、受験票が交付されていくので時間が掛かるのです。


その間も、高校では授業が行われています。

冬なので窓は閉め切っていますが、窓際の生徒が列を見下ろしているのがわかります。

そして、休み時間ともなれば、窓が開き、「頑張れよ〜」なんて言葉が降ってきたりするのです。

やがて、自分が、「頑張れよ〜」と声を掛ける側になっていきました……


教師生活をスタートした都立高校でも、季節になると同じ光景が繰り返されてきたのでこれが普通だと思っていたら、三重県では全く見られないのです。

奇異に感じて同僚に尋ねると、

「三重県では願書を中学校の先生が、学校ごとにまとめて持って来る」とのこと。

20人が志望していても、その中学校の先生が1人でまとめて出願に来るのだというのです。

廊下に先生が待機するための椅子が数脚準備される程度で、当然、事務室前に長蛇の列など出現しないのです。

聞くところによると、隣県の愛知や岐阜でも同様のようです。

その時、同僚とで話題になったのが『３年Ｂ組金八先生』。

１９７９年から断続的に32年間、ＴＢＳ系で放送されて来たテレビドラマの中のエピソード。

この番組は、東京都内の中学３年生のクラスを舞台に、受験に向かって揺れる中学生の日常を描いた学園ドラマでしたが、三重県育ちの同僚にとって、東京の中学生たちが自分で出願に行くシーンが衝撃的だったらしいのです。

〝そんな大事なことを自分でやるんだ！〟と……

私にしてみれば、

〝そんな大事なことを自分でやらないんだ……〟でした。

関東地方のように、中学生に自分で出願に行かせる方法は、中学校ごとにまとめて教員が持って行くより、遥かに手間が掛かりミスの可能性も大きくなるでしょう。

でも、高校に願書を出しに行くことは、果たして「中学校の先生の仕事」なのでしょうか？

先生方の働き方改革の一環として、考えてみる余地が大いにあると思いますし、何よりも、当事者としての子どもにとって……どうなのでしょうか？

三重県では受験日当日にも、高校に中学校の先生が顔を見せます。

そのため高校側では、付き添いでやって来る先生や保護者の待機所を設けたりもします。

中学校の先生方は、分担して受験当日にいろんな高校に行っているのでしょう……

これも果たして「中学校の先生の仕事」なのでしょうか？

高校入試の会場に中学校の先生が来ているなんて、私の中学時代には考えられません。

神奈川県からは東京の星の数ほどある私立高校も受験できますし、受験できる公立高校も中学校の先生の数を遥かに上回る数です。

いちいち高校受験の会場に付き添うなんて物理的に不可能と言えます。

でも、物理的に不可能だからやらないのではないと思うのです。

中学校の先生の仕事ではないからやらないのだと私は思っています。

更に、関東地方では2月中に、ほぼ高校入試は終わりますが三重県の県立高校の入試は、3月の中学校の卒業式後にあるのです。

卒業式後に、生徒は再び中学校の制服に身を包み、高校受験に来るのです。

その受験生を見守りにやって来る中学校の先生たち……

どちらも、私には最後まで馴染めない光景でした。

私は高校教師生活36年のうち、20年間を定時制高校に勤務してきました。

その間、定時制高校は、かつての「働きながら学べる学校」から、不登校や外国籍の子どもなど、「多様な生徒を受け入れる学校」へと役割を変えて来ました。

その変化を、現場でつぶさに見て来たのですが、役割の変化とともに、受験生が試験当日に現れないことが、増えてきたのです。

それも、インフルエンザや風邪などによる発熱などといった明確な理由が無い欠席です。

明確な理由のある欠席については、近年は追検査と呼ばれる追試験が準備され、直ちに手続きが取られるのでわかります。

定時制・通信制高校は私立に併願していて合格したのでそちらに行く……という学校ではありません。

そのほとんどは、高校進学の最後の望みを掛けて受験して来る人々です。

つまり、そこでの欠席は、高校進学断念を意味しています。

そうした欠席の多くは、〝本人に志望意思が固まっていなかった〟と私は解釈しています。

願書を自分で出しに来なくても、受験の手続きができてしまうのですから……

やはり、〝大事なことは自分でやらなくては……〟

問題を先送りするだけで、本人がますます辛くなるだけのような気がするのです。


私の出身地、神奈川県の県立高校では、コロナ禍によって２０２１年の入試から、現役中学生の願書は、中学校が取りまとめて持参か郵送がメインとなったようです。

また、三重県は２０２３年の県立高校入試からウェブ出願方式に切り替わると発表しました。

こうした流れは全国的に加速するものと思われますが「手続きの省力化」といった観点だけでなく、そもそも「出願が中学校の先生の仕事なのか？」という点でもしっかり見直すべきです。

そして、一番重要なのは「本人が、どのように出願に関わるのか？」という点です。

事務処理の省力化のみを念頭に進めると、当事者である子どもたちはますます置き去りにされます。

子どもたちの「育つ権利」「参加する権利」にも配慮した出願システムの構築をお願いしたいものです。


全て周りの大人が手際よくやってしまうのではなく、

〝大事なことは自分で……〟

2　選挙を棄権できない私

私は選挙を棄権した覚えがありません。

それは、民主主義を高校で体験的に学んだからだと思います。

私は高校でバドミントンを始めました。

入学時の担任の先生が顧問をされていた縁で『バドミントン愛好会』に入ったのです。

先輩は3年生までおり、真面目に毎日活動しているクラブでしたが、正式な部ではないので、放課後の体育館は使えませんでした。

体育館で練習できるのは、正規の部が練習していない朝の時間帯と、遠征などに行っていて空いている休日。

つまり、正規の部が使用していない隙間を使えただけで、放課後は外で素振りをしてひたすら走る……そんなクラブでした。

私が2年生に進級した年、バドミントン愛好会は生徒会に部への昇格を申請しました。

そして、生徒総会において審議されることとなったのです。

生徒総会は体育館に全校生徒が集まって、毎年春に1回開かれていました。

そこでは、前年度の生徒会行事の反省と会計の決算報告、それに続いて今年度の目標や行事予定、予算の審議などがされていた……と思います。

それぞれの提案について質問を受け付けて、生徒会執行部が回答します。

その質疑応答を経て、それぞれの案件が採決されていくのです。


その総会の議題の1つに、バドミントン愛好会の部への昇格が上げられ、申請の理由や活動実績等が報告され、採決となったのです！

採決は、その場で生徒が手を挙げて、クラスの係がその数を確認して報告、その場で本部が集計する方法で行われました。

原案は「昇格させる」でしたので、反対から採られたのですが、手を挙げた生徒は、周りから〝え～！〟という視線を浴びました。

昇格の条件を全て満たしているのですから……


手を挙げていたのはバスケット部の生徒たちでした。

その中には親しい友人もいたのですが、私は、彼が手を挙げていることに腹は立ちませんでした。

むしろ、周りの生徒から、「何で？」と聞かれ、複雑な表情を浮かべて手を挙げている彼を気の毒にさえ思ったのです。

当時、体育館は男子バスケット・女子バスケット・男子バレー・女子バレーの４つの部でローテーションを組んで使っていました。

中でもバスケット部は強く、女子は県代表として関東大会出場の常連校になっているほどでした。

そこにバドミントン部が誕生すると、放課後の体育館を使えるローテーションが確実に減ります。

つまり、採決に組織的反対の指示が出されていたことは容易に想像できたのです。

私はこの生徒総会で、直接的な利害関係者の心理を学びました。

社会には様々な立場の人がいること……

そして、〝最後は正しいことを「常識的な民意」は支持してくれる！〟ということを……

いずれも、社会の縮図だったように思います。

私たちは部に昇格して、体育館ローテーションに入れてもらい、部室も割り当てられ、部としての予算も付きました。

ただ、もともとそこにあった人々の権利を少しずつ削った上に得られたものであることは、十分理解できていたので、感謝してその権利を行使しました。

あの生徒総会の組織的な反対を肌で感じたお陰だったと思うのです。

県代表チームの横で、部に昇格したばかりのひよっこチームが練習するのは、雰囲気だけで圧倒されたものでした。

その分〝何でこんな奴らのために割り当てが減らされたのか?〟などと思われないように必死で練習をしました。

それが、今でもバドミントンを指導している私の根幹を作ってくれたと思っています。

こうして学校において民主主義を実体験した私にとって、選挙の一票は、決して無駄にはできないものとなっていたのです。

たとえその選挙での争点が、自分の関心事とかけ離れたものであったとしても、学校の中で、練習場所や予算も確保できずに活動していたあの頃の自分と同様に、社会の中で、争点の渦中において苦労している人々のことを考えて、せめて自分なりの「常識的な民意」としての1票を投じること……

これは、私の責務だと思っているのです。

あの日の生徒総会で、部への昇格を支持してくれた民意と同じような役割を、自分がしっかりと果たさなくては……

この想いが、今も毎回、私を投票に行かせているのです。

3　本当の主権者教育

選挙権年齢が20歳から18歳に引き下げられた改正公職選挙法が２０１６年６月に施行されました。

この時期と相前後して、学校現場に「主権者教育」という耳慣れない言葉が飛び交い出したのです。

高校3年生が投票に行くことになってきたため、にわかに文科省が「主権者教育」なる用語を多用し始めたのですが、36年間の高校教師生活のうち、20年間を定時制高校で過ごして来た私にとっては、

〝何を今さら〟の感覚でしかありませんでした。

高校は義務教育ではありません。

定時制高校では、旧法上においても選挙権を保有している生徒（20歳以上の生徒）は、これまでも当たり前のように在籍していましたし、全日制高校においても、２年留年す

れば3年生で20歳。

私は実際に、東京の全日制高校でこうした生徒を担当した経験もあります。

「高校生のうちに選挙権を持つので主権者教育が必要」なのではなく、

「いずれ、誰もが選挙権を持つ日が来るので必要」なのではないでしょうか？

つまり、18歳に引き下げられたからあわてて始めることではなく、今までだって、当然必要な教育だったのです。


そういう意味で、主権者教育を学校が全く意識してこなかったことは、一種の手落ちですが、その役割を、自然と担ってきたのが特別活動としての「生徒会活動」だったと私は思うのです。

少なくとも、選挙を棄権しない私を育んだのは、この活動の産物に違いありません。と言っても、私は生徒会役員をやったことなど一度もありません。

常に、その他大勢の一般生徒として活動に参加して来ただけなのですが、私にとって、生徒会役員選挙で候補者の主張に耳を傾けて投票することや、生徒総会に参加して様々な議事に判断を下していき、それが学校生活に反映されていく……

こうした経験の全てが、生きた主権者教育だったと思っているのです。

ところが、今の学校現場で生徒会が機能している学校がどれだけあるのでしょうか？

教員として勤めた高校の生徒総会を振り返ってみると、東京の初任校では、生徒に教室の椅子を持たせてグラウンドに整列させた記憶だけが微かにあります。

三重県の初任校でも、体育館に集めてやっていたという記憶があるだけで内容は全く覚えていません。

その後に勤務した全日制高校では、10年間生徒総会は全く行われていませんでした。


学習指導要領の改訂や教師の働き方改革等による特別活動の精査によって、学校現場では様々な行事が縮小されたり姿を消していきました。

中でも、球技大会や遠足・文化祭・体育祭といった行事と比較すると、生徒自身が意義を実感しにくい生徒会活動は、削減対象としやすかったはずです……

恐らく、どの中学校・高校にも生徒会という組織そのものは、今も存在しているでしょう。

そこには会長・副会長・書記・会計……などといった役職名があるはずですが、ほとんどが名ばかりと化しているのではないでしょうか？

例えば、生徒会費として徴収しているお金の予算案の作成や執行に、どれだけ会計という役職の生徒が関与しているでしょうか？

私が勤務して来た学校では、ほとんどが生徒会顧問の教員がその役割を一手に担っていました。

先生が予算案や決算案を作る……

そして、その案を諮るのは職員会議とＰＴＡ総会だけ……

生徒総会を開かない全日制高校では、生徒は自分の所属するクラブや他のクラブにいくら予算がついているかも知らない……そんな状況でした。

私が高校時代に生徒として体験した生徒総会では、毎回、予算の細かい点について生徒会執行部に質問する名物生徒もいて、そのやりとりが結構面白かったものです。

もちろん、まるっきり生徒だけで予算案を作っていたかどうかは定かではありませんが、予算が成立する過程には、生徒が主体的に関わっており、他のクラブとの予算の多寡は、当然把握していました。

「生徒会費」の予算・決算が、職員会議とＰＴＡ総会だけで審議されるのでしたら、徴収する費目名を「生徒活動補助費」とでも変えるべきだと思います。

「生徒会費」として集めているなら、その使途を生徒会（すなわち生徒）に委ねるのが筋だと思いますが、それを、いつのまにか大人がやってしまっている……

主権者教育が必要になったのは、本来生徒に委ねなければならない生徒会活動に大人が深く関与してしまったことに原因があるように思うのです。

その背景には、学校が荒れたり、特別活動時間の見直しなど様々な要因があったと思いますが、そうした流れの中で、生徒に委ねるべき最後の一線も、無意識のうちに越してしまった……そのような状況にあると私は考えています。

生徒会費の使途はもちろん、校則など学校の在り方に関する部分についても、学校の主権者として、生徒会を通して生徒の意見が反映される……

そうした実体験こそが、本当の主権者教育だと私は思います。

文科省が主権者教育の必要性を説き出したため、学校があわてて自治体の選挙管理委員会を招き、先生が候補者役になって模擬演説をし、投票の真似事をやる……

そんなニュースが報道されますが、選挙で実際に使われる投票箱を使っていたとしても、

これが果たして「主権者教育」なのでしょうか？

真新しい用語が文科省から降って来るごとに、新たな講演会などを単発で追加して、

〝対応した〟という実績だけを作っていく……

その陰で、本当に重要な特別活動が形骸化し、教員の多忙化は進みました。

自治体の選挙管理委員会に来てもらうのであれば、単発の講演会ではなく、自分たちの生徒会役員選挙のやり方についての指導・助言を受け、立会演説会や投開票にも立ち

会ってもらい助言を受ける……

つまり、本来やらなくてはならない行事を、提示された新しい視点でリニューアルして外部の第3者の力を借りてより良いものにしていく……そうした工夫こそが必要ではないでしょうか？

それが、結果として教員の働き方改革にもつながっていくように思うのです。

文部科学省は「主権者教育」などという言葉を使うことをやめ、学校の運営に子どもたちの意見が反映できるように「児童会活動・生徒会活動の充実」こそ指導するべきです。

「児童会活動」「生徒会活動」を、子どもが主体的に挑戦できる「おつかい」に戻していく……

それが本当の主権者教育につながっていくと私は思っています。

正規の教諭としての最後の勤務校となった三重県立北星高校に着任した年に、私は驚きました。

生徒総会を開いている学校だったのです。

しかも、この生徒総会では事前に生徒から質問項目を募集して、学校の各部署の責任者が直接その質問に対して答弁するという場も設定されていたのです。

例えば、学校に設置されている飲み物の自動販売機の中で売られている飲料の種類に関する質問や要望は、外部の業者との契約窓口になっている事務長が、生徒総会の場で直接生徒に説明をするのです。

私も教務主任として、授業関係の質問に対して回答を文書で準備して答弁をしました。

さながら、国会答弁のような……そんな雰囲気なのです。

こうした活動が今も生きている学校は、これが主権者教育の一環なのだと意識するだけで、新たに主権者教育などに取り組む必要は全くありません。

ただ、北星高校の生徒総会は、コロナ禍で2年連続開けませんでした。

生徒会活動を大切な主権者教育の場だと理解する顧問に引き継がれなければ、風前の灯と言えます。

※「児童会活動・生徒会活動の充実」には部活動と同様に、外部指導者の活用を考えてはいかがでしょう？

生徒会顧問や生徒会役員の経験者は、世の中に沢山いるのです。

4　教師の仕事はペースメーカー

私は高校で『簿記』という専門科目を教えて来ました。

商業高校では、毎年1月の第4日曜日に全国商業高等学校協会が主催する全商簿記検定が実施され、この検定試験で、1年間の学習の成果を測るのが一般的です。

検定試験を受験させて、クラスごとに合格者数という数字で結果が示されることは、ある意味非常に厳しい世界で、その負荷がそれぞれの教員に均等に掛かるように、こうした検定受験科目は1人が何クラスも持たず、1クラスずつ受け持つことが基本です。

私が簿記の授業で心掛けてきたことは「補習はしない」ということです。

検定試験は日曜日ですので前日の土曜は、学校が休みです。

この土曜日に、夜まで学校で勉強させて合格にこぎつける……

そうした例を、私は少なからず耳にしてきましたが、これが、私には〝素晴らしいこと〟とは、どうしても思えないのです。

読者の皆さんは〝どうして？　立派な先生じゃない！〟と思われるかも知れません。

確かに、普段から努力してきたものの、どうしても合格点に届かないのでギリギリまで頑張る……

その頑張りに寄り添う事例もあるかも知れませんが、私の耳に入って来るのは、そうした類のものではなく、努力してこなかったつけを、たった1日で払って合格したとうそぶく生徒の声です。

２年生になってクラス替えをして、新たに私が簿記の担当になった生徒が言うのです。

「先生、大丈夫！　検定なんて勉強してなくても、前日に夜まで勉強して受かったんだよ！」

自分の普段の勉強不足の代償として、その先生の休日が1日消えたという自覚も無く、完璧に簿記をなめた状態になっているのです。

もちろん、普段勉強しない子が、休日の学校で朝から晩まで勉強した……

そうした経験は、その子の人生の中では大きな出来事であったかも知れませんが、検定試験は文化祭ではないのです！

そうやって取った（取らせた）３級に、価値があるのか？　私には非常に疑問なのです。

私は簿記を受け持つと、最初に生徒に宣言します。

「放課後の補習はやらない」と……

その瞬間、運動部の生徒たちの目が輝くのです。〝放課後は練習ができる！〟と……

そう、私は試験の出来が悪いからといって、強制的に放課後に残す補習もやらないのです。

放課後は、私もすぐに自分のクラブの練習に行きたいのですから……

その代わり、私も真剣です。

万一授業でしくじっても〝放課後に補えばいいや〟とはいかないのですから……

そして、「検定前日も、もちろん補習はしない」と続けるのです。

〝サボっていての一発逆転にも付き合いませんよ！〟と……

私は日頃、生徒には準備の大切さを説きます。

例えば、検定試験であれば「1週間前に、合格できるレベルへの到達」を求めるのです。

もちろん、自分の授業もそのペースで進めることが前提になるのですが、生徒たちには言います。

「風邪をひいたら簡単に1週間なんて飛んでしまうよ！〝絶対に合格したい〟と思うなら、直前に1週間寝ていても合格できるようにしておく！　それが本当の準備だ！」と……

私が簿記の授業で教えるのは、もちろん帳簿の記録・計算・整理の方法ですが、そんな記帳技術など、社会に出て使う可能性がある生徒はほんの一握りです。

簿記の授業で本当に教えて来たものは「目標の設定と、それをクリアーしていくためのアプローチの方法」なのです。私にとって簿記は、それを生徒に伝えるための道具にすぎません。

私が高校1年生で受け持った生徒は、大部分が2年生に上がる時のクラス替えによって、他のクラスに行きます。つまり、他の簿記担当者の手に委ねるわけです。

次の年の検定試験が終わると、そうした生徒の合否を、私はそっと調べます。

生徒は教師を選べませんので当たり外れがあります。

教師の側にも分野の得手不得手はありますし、人間的に合う合わないといった要素も絡みます。

そんな中で、心配だった生徒の合格を知ると、嬉しいものです。

「どんな担当者に教わっても合格できる力」は「生きる力」だと思います。

目の前で担当している生徒たちの合否ももちろん大切ですが、私がスタートの３級を担当して自分の手元を離れて行った生徒たちの何人が２級に合格していくのか？

そして何人が更に上の１級に挑戦していくのか？

私が「自分の授業の出来」を測っていたのはそこなのです。


さて、私の教諭生活最後の学校となった定時制の北星高校には、いろんな意味で全日制に行けなかった子どもたちがやってきますが、そんな生徒たちにも変わらずに簿記検定試験に挑戦させました。

学力的には遥かに厳しい状況の生徒でも、全日制時代と同様に補習は一切しません。

ある年の全商簿記検定試験でのことです。日曜日の教室で、問題を配り終えた私は、腕の電波時計の液晶を見つめ開始時刻を待ち、全国一斉のスタート時刻を示した瞬間、「始め！」と告げたのです。

その瞬間、緊張のため手が震えて書けなくなってしまった女の子がいたのです。

彼女には、人生で最大のプレッシャーが掛かっていたのでしょう……

幸い5分ほどで治まり、試験を受け続けて合格証書を手にすることができました。

その彼女は、60代の科目履修生Hさんと同じクラスで学んでいたのですが、1年半の学校での授業が終わった2ヶ月後に、Hさんと一緒に、日本商工会議所が主催する日商簿記検定にも挑戦したのです。

もちろん、商工会議所か市内の書店等で、自分で受験申し込みをして、当日の日曜日も、自分で準備をして、社会人の人々が集まる試験会場に1人で出掛けて行くのです。

さて、学校で行われる検定試験ですらトラブルがあった彼女です。

その彼女に、受験当日に商工会議所の試験会場前まで行って、「頑張れ！」と声を掛けて、手書きのメッセージを添えたチョコを差し入れたら彼女はとても勇気づけられるかも知れません。

しかし、私はそれを教師の仕事だとは思わないのです。むしろ、やってはいけないことだと……

失敗するかもしれませんが「何もしない」これが教師の仕事であり、これこそ「おつかい」（挑戦）の絶好の機会提供だと思うのです。

前日の土曜日に、勉強を見てあげることも同様です。

そのことによって、彼女が合格証書を手にできる確率は確実に上がるかも知れません。

でも、私はそれをよしとしないのです。

前日の「不安に耐えること」も大事な経験だと思いますし、会場で震えが止まらなくて失敗しても、人生の大きな財産になると思うのです。

私は、教師の仕事は「ペースメーカー」だと思っています。

最近のマラソンで、ランナーが記録を出すために準備され、スタートから30キロ過ぎまで選手を引っ張る……あのペースメーカーです！

30キロ過ぎまでどうやって生徒を引っ張るか？　それが教師の仕事だと思うのです。

日商簿記検定試験が終わって一ヶ月ほど経った日の昼休みのことです。

職員室で座っていた私を、廊下から彼女が呼ぶのです。

横には一緒に受けたもう一人の女の子の姿が見えました。

席を立って廊下に出ると、手にしたスマホの画面を私に示し、「ここをタップして欲しい……」と言うのです。

聞くと、今日が日商簿記検定の発表で、合格者の受験番号が表示される画面に切り替わるボタン。

2人とも、タップする勇気が無くて……「先生に押して欲しい」というのです。

「いいよ！」と笑顔で応じて私がタップした瞬間、画面を覗き込む一瞬の間があった後、2人の歓喜の悲鳴？　が、廊下にこだましたのです。

最後まで一緒に走っていたら、このレベルのドキドキとワクワクと歓喜は味わえないのです。

5　子どもと歩こう

旅先でのそぞろ歩きは楽しいものです。

よそ者には、ありふれた光景も珍しいものと映ります。

珍しいからしっかりと見つめ、地元の人には見出せなかった魅力を発見したりするもので、そういった意味で、よそ者は町おこしには不可欠な存在とも言われています。

私は28歳の時に東京から三重にやってきましたが、今では、三重県生まれの人よりも三重の面白さや良さを知っていると自負しています。

　これと同じことが、子どもと歩くことにも言えるのです。

　子どもは「よそ者の王様」。

　例えば３歳の男の子と歩くのであれば、彼はこの地に来て……どころか、この世に来てから４年経っていないのです。

　彼にとっては何もかもが私たちより遙かに新鮮な刺激に違いありません。

　私は２年間、息子を毎朝幼稚園に歩いて送って行きました。

　すると、自分がいつも自転車で通っていた道路沿いの用水路でトンボが羽化していることに気付きました。

　羽化は雨上がりの朝に沢山起こり、それを立ち止まって彼と眺める……自然の神秘！

　田圃の農作業を１年通して目にします。農家の人は朝早くから働いています。

　紀勢線のポイントが「ガッタン」という音を立てて切り替わり、その上を駅で通過待ちしていたディーゼル列車がゆっくりと通り過ぎ、またポイントが切り替わる……

　大人が１人で立ち止まって見ていたら、不審者と勘違いされるような光景も、子どもが一緒だと違和感なく眺めていられます。

　納得いくまで一緒に眺め、面白さを共感する……

「何見ているの？」と声を掛けてくる人と笑顔で話ができ、次からは挨拶を交わすようになります。

「クルマに乗っていると気付かないものが、自転車に乗ると見えてきた」という新聞投書を読んだことがあります。それは全くその通りで、歩くことによって更に自転車でも見えなかったものが見えてくるのです。

その先がまだあって「子どもの歩く速さで一緒に歩く」ことによって、更に見えてくるものがあるのです。

彼らの目線は私たちと比べものにならないぐらい低いのです。

当初は〝息子が元気に育つように……〟との目的で始めた徒歩登園でしたが、途中から私はこの面白さのとりことなり、早朝からの出張がある時や、泊まりの時などは残念で仕方なかったものです。

こういう日は、妻が喜んで出掛けて行ったのです。

〝送って行ってやる！〟ではなく、双方が持ちつ持たれつの楽しいひと時でした。

「子どもと一緒に歩く」という行為は、行動を彼らのレベルに合わせるという作業なのです。

大人のペースで引っ張るのではなく、彼らのペースに合わせて一緒に歩く……

すると、彼らの関心事や気持ちがわかって来るのです。

行動面で理解者となる大人が、子どもには少なくとも一人は必要だと思います。

そのことは、大人側にも新たな発見をもたらします。

田舎や都会に関係なく……

彼らのペースに合わせて歩くことは、彼らの目……いや身体全体を借りて、マンネリ化した自分の世界を見直し、新たな発見をする作業なのです。

あなたの身近に、お子さんやお孫さんといった幼児がいたら、是非、ご近所のそぞろ歩きをお薦めします。

再発見することが多々あるはずです。

幼稚園の先生や保育士さんは、幼児と話す時には必ずしゃがみます。

子どもと同じ目の高さで接するのが基本だそうです。

足も同様ではないでしょうか？

休日には、子どもと一緒に近所を歩いてみませんか？

いつも行っているスーパーに、子どもと歩いて行って何か1つ買って来る……

きっと、新たな発見があるはずです。

※実はトンボの羽化を最後まで見届けたのは2年越しでした。
最初の年は、最後まで見届けずに幼稚園に向かってしまいました。
「登園時刻に間に合うこと」を優先させたのです。
帰りに見ると、トンボは羽化しきっており、〝このぐらいの時間で終わるなら次は全部見せてやろう〟と心待ちにしていたのですが、次の機会は翌年になってしまったのです。
羽を伸ばして乾かす姿まで見た息子の満足そうな顔……それに満足したものです。

6 「魔の7歳」への対応

子どもとの散歩は「マンネリ化した自分の世界を見直し、新たな発見をする作業」だとお薦めしました。

でも、近所の散歩はクルマが危ないので……

〝自転車やクルマに乗せて公園に連れて行く〟という方もいらっしゃると思います。

思いっきり遊ばせてあげるには正しい方法だと思いますが、そればかりでは、子どもたちにとって酷なことかも知れません。

彼らはやがて、自分の家から歩いて小学校に通わなくてはならないのです。

それまでに、自分の足で徐々に世界を広げていくことは、成長に不可欠な取り組みではないでしょうか？

危険だからと近所を歩く経験を経ずに、小学校に入学してからいきなり歩いて学校まで……このことの危険性に対して、人々はもっと敏感になるべきだと思うのです。

歩行中の交通事故死傷者数を年齢別に比較すると、子どもから老人に向けて緩やかに高くなっていくのですが、子どもの年代の中で、針山のように突出した年代があるのです。

それは小学校入学の７歳です。

しかもこの山は、全ての年代の最高峰（令和元年）であり「魔の７歳」と呼ばれています。

大人と近所を散歩するなどの十分な社会的経験を積まずに、小学校入学とともに「一人前の歩行者」として扱われる……

子どもたちの厳しい現実が如実に現れているように思えてなりません。

そもそも、今の日本は子どもの数が大人より少ないのです。

この現状をも加味すると、全ての年代を通して死傷者数が最高だという状況は、７歳の子どもにとって、いかに深刻な交通環境か？　ということを物語っていると思います。

人が育っていくには「自分の足で世界を広げていく自由」が必要です。

歩けるようになった子どもは徒歩で、やがて自転車に乗れるようになると行動範囲は格段に広がり、公共交通機関・クルマ……と、段階を追って自分の世界を広げて行くのです。

その「足で世界を広げる自由」の最初の段階が阻害されている状況にある子どもが、今の日本には少なからず存在するのです。

２０２１年6月に千葉県八街市で、飲酒運転のトラックが、下校途中の小学生の列に突っ込み5人の児童が死傷するという痛ましい事故が起きました。

これをきっかけに、政府からはスクールバス導入案が示されましたが、私は「緊急避難的な措置」としては賛成ですが「永続的な政策」としては反対です。

危険な道路を放置して、学校の行き帰りだけはバスで安全を保障する……

それは子どもの「育つ権利」「参加する権利」を保障している姿と言えるでしょうか？

子どもの危険は、小学校への登下校時だけではないのです。

普段の生活の中でも自分の足で移動して、安全に育って行ける社会こそが子どもたちに必要なのではないでしょうか？

小学校から帰ったら、１人で友達の家に遊びに行ける……

せめて、小学校の校区内を1人で安全に出歩ける「交通権」を子どもたちに保障するために、先ずは、大人が一緒に歩いてみて「子どもの目線で地域の実情を知ること」

そのことがとても重要だと思うのです。

7　心の傷

息子を幼稚園へ送って行った楽しい日々の中で、私には1つだけ心の傷があるのです。

幼稚園への道のりの中で、一か所だけ信号機のない横断歩道がありました。

小学校前の片側一車線の道路ですが、クルマの通行量は頻繁な道で、年少の頃は、私が安全確認をして渡っていました。

その道路を渡る判断を、年長の秋ごろから息子に委ねたのです。

〝小学校へ自分で行けるように……〟との練習のつもりでした。

彼の判断は私よりも遥かに慎重で、安全という意味ではベストでしたが、私にとっては少し歯がゆいものでした。

例えば、遥か遠くにクルマが見えていても、決して渡ろうとしないのです。

すぐに目の前に来るような距離ではないのに……

そんな彼の背中を、私はツンツンと押してしまったことが何度もあるのです。

〝早く行け！　勇気がない奴、そんなことでは世の中渡っていけないぞ！〟と……

ところが数年後に読んだ本で、子どもは視神経が未発達だということを知ったのです。

6歳の子どもでも、遠近感が判断し辛い状況にあると……

つまり、遥か遠くに見えているクルマも、彼には近くに見えていたのかも知れないのです。

このように、大人の目と子どもの目は違うのです。

「子どもは小さな大人ではない」

フランスの哲学者ルソーが著書『エミール』の中で記した有名な一節です。

彼は「子どもは小さな大人ではなく、子どもには子ども時代という、それ自体が固有の世界があり、子どもの成長過程に合わせた教育をすべきだ」と指摘しました。

私はこの言葉を学んで教職に就いた者でありながら、実生活では、幼稚園児の息子を「自分より背の低い（視線の低い）大人」として扱っていたのです。


息子にとって、背中をツンツンと突かれることは恐怖だったのではないか……

その想いは、今も私の心の傷となっているのです。

そもそも横断歩道をなかなか横断できないという問題では、横断しようとする歩行者が立っているにもかかわらず、停車しないクルマの運転者が道路交通法違反状態なのです。

その違法状態を当たり前のこととして、それに対応できるように子どもを育てるのではなく、世の中の違法状態にこそ対応を求めるべきだったと反省しているのです。

※幼児の視野は大人の60％ほどと言われています。
この視野を疑似体験できる道具があります。

通学路の危険個所点検は、こうしたものを使うのも有効でしょう。

でも、一番有効なのは、実際に子どもと一緒に歩いて子どもの様子を観察することだと思います。

8　「はじめてのおつかい」のチャンス

息子が幼稚園児の頃、休日には２人で電車に乗って、度々日帰り旅行に出かけました。

イクメンなどという言葉の無かった時代の、父と息子の２人旅です。

先頭車両の運転席の後ろから前を見せていれば、彼はご機嫌でした。

映像ではなく、遊園地の乗り物でもなく、大人が移動に使う本物の乗り物なのですから……

ただ、彼が運転席の後ろから自分で前を見られるような背丈になるまでは、私のお腹の前に抱え上げておかなければならず、腕の筋トレ状態でした……

津から大阪までノンストップの近鉄特急『アーバンライナー』に乗せてあげた時のことです。

運転席後ろの展望デッキに連れて行ったところ、そこを離れようとせず、私は息子を抱え上げて、大阪まで立ちっぱなしだったことがあります。

座席は確保されていたにもかかわらず……

三重県内のローカル線は全て乗りつくし、お隣の愛知県へも足を延ばしました。

名鉄の美濃町線という路面電車区間が廃線になる時は、岐阜県まで……

ある日は、伊勢湾一周もしました。

鳥羽まで近鉄で南下し、伊勢湾口をフェリーで対岸の愛知県に渡り、名鉄で名古屋まで北上し、近鉄で津へ帰って来たのです。

こんな旅をしても、幼児は運賃が掛からないので大人一人分の料金。

タダの時期（幼児のうち）に、せいぜい本物の公共交通機関に乗せてあげて欲しいです。

では、お金が掛かるようになったらもったいないからクルマで移動でしょうか？

いや～それこそもったいない！

この先に、子どもたちの背中を押してあげられる大きなチャンスがあるのです。

実は、子どもにとって嬉しいのが「切符が必要になった瞬間」なのです。

大人と同じように、切符を自分の手にして改札を通る……

つまり「世の中から一人前の扱いを受ける瞬間」です。

そのことがどれだけ彼らの心を満足させることか……

エスカレーターに手を引かれて乗っていた子どもが初めて自分一人で乗った！

恐らく、自動改札に切符を投入して通るのはこんな感覚では？　と思うのです。


平日より乗客が少ない休日の車内は、車掌さんが車内検札に来たりします。

すると、子どもは自分の切符を車掌さんに提示できるわけで、ここでも一人前の扱いを受けることになります。

子どものドキドキと満足感は、更に大きくなるのです。


我が家の下の娘が小学校に入学した早々に、一家４人で奈良公園に日帰りで出掛けました。

有効期限が迫る『青春18きっぷ』（ＪＲの普通・快速が１日乗り放題切符）が３人分残っていたので我々夫婦と長男はこれを使い、入学間もない娘の切符を買って行くことにしたのです。

自宅最寄りのＪＲ阿漕駅から紀勢本線に乗り亀山駅へ。

関西本線に乗り換えて加太峠を越えて京都の端をかすめて奈良へ……

ほとんどが非電化区間で乗客も少ないのどかな春の旅でした。

乗車駅が切符を売っていない無人駅だったので、行きは車内精算で済ませたのですが、帰りは奈良駅で子ども用の切符を買いました。

１７‐４‐９の日付が印刷されている奈良駅から１６２０円区間の子ども用切符（料金は半額の８１０円）。

これが娘の生涯で初めて手にした切符であり、その日の写真と一緒に大切に保管してあります。

今は自動改札機が普及しているので、切符は下車駅で自動的に回収されてしまうのですが、駅員さんに、「記念にください」と申し出たら、たいていの鉄道会社では快く「無効」というゴム印を押して改札を通してくれます。

そう、子どもに、「記念にください」と申し出させることも、第３者と触れ合う絶好のコミュニケーション能力養成の機会です。

駅の自動券売機で、子どもに切符を買わせるのもいい経験です。

「路線図で料金を確認して、目的地までの自分の切符を購入できる」

これができるようになれば、自転車に乗れるようになるのと同じで、子どもの自由に移動できる世界は大きく広がります。

そのためには、タダの時代（幼児期）から、一緒に出掛けて切符を買う姿を繰り返し見せておき、切符が必要な年齢に達して、自分で買えそうな雰囲気になってきたら是非、横に付いて、子どもにやらせてあげて欲しいのです。

駅で少し時間を余分に取ってあげてでも……

相手は自動券売機かもしれませんが、これが現代の「はじめてのおつかい」のチャンスなのです。

買い間違いをして、駅員さんを呼ぶようなトラブルが起きるのは、子どもの成長にとっては、むしろ好ましい事態です。

親切に対応してもらえるということがわかり、貴重な経験となるはずです。

ＩＣカードの普及により、切符は将来的には消えていくかも知れませんが、いきなりＩＣカードを持たせるよりは、先ずは切符を買って乗車するという段階を踏んでいく方が、世の中の仕組みを理解していくには適しているはずです。

大人が寄り添って公共交通機関を利用するという体験は、一緒に近所を歩くことと同様に、子どもが自分の足で世界を広げて行くという成長の過程で必要です。

そして、寄り添う大人の側にとっても、子どもと一緒に乗ることによって、初めて気付くことが多々あるはずです。

単なる移動の手段として考えるのではなく、公共交通機関は、子どもの発達に合わせて様々な課題を用意することも可能です。

切符が一人で買えるようになったら、切符の管理を任せてみることも大きな冒険です。

切符が管理できるようになったら、ＩＣカードへと……

こうした経験を経ずに育った子どもは、中学生になっても鉄道の切符が一人で買えなかったりします。

そんな子が高校受験の際に、初めて自分で公共交通機関に乗ることになると、肝心の試験に加えて、もう一つ大きな不安材料を抱えることになるのです。

地方では、今も窓口で切符を売っているローカル鉄道が存在します。

こうした鉄道の切符は自動改札機を通すペラペラの切符ではなく、昔ながらの厚紙の硬券です。

窓口の駅員さんは、乗車区間が予め印刷された硬券の束から1枚抜き取り、券の端をダッチングマシンと呼ばれる機械に通します。

すると乗車券の端に年月日が印字されるのです。

改札も自動ではありません。切符に挟みを入れてもらい駅構内に入ります。

博物館やテーマパークではなく、令和の世にいながら昭和の世界にタイムスリップできるのです。

私の地元、三重県の三岐鉄道はタイムスリップが可能です。

もちろん「無効」のゴム印も用意してあるので、使用後の硬券切符を、記念に持ち帰ることもできます。

子どもと一緒に公共交通機関を利用することは、子どもの発達段階に応じた「育つ権利」「参加する権利」を保障しつつ、移動を兼ねて一緒に現代社会を学び考えることができる「リアルテーマパーク」と言えます。

休日は子どもと一緒に「リアルテーマパーク」へ……いかがですか？

9　子どもと出歩くことが大事な理由（わけ）

２０１６年5月の土曜日、川崎の実家に帰っていた私は83歳の父と外出しました。

父は心臓のバイパス手術をし、糖尿病はインスリン注射が必要なレベルにまで進んでいる身体でしたが、どうにか杖をついて外出はできる状態でした。

ただ78歳の母は、父と2人での外出は「自信が無い……」と言っていましたので、私が月に一度の掃除に帰った時には、天気が良かったら父との外出も日課となっていたのです。


この日は小田急線で新宿に出て、新しくオープンした長距離バスターミナル『バスタ新宿』見物。

電車に乗るにも優先席の位置、駅を降りたらエレベーターや障害者用トイレの位置、床の段差、突起物……常にアンテナを立ててチェックしつつ誘導し、いつよろっと倒れても抱えられるよう斜め後ろに控えて両手を空けておく……

介護の本を読んだわけでもありませんが、経験的に修得したノウハウです。

父と街を歩くと、いろんなことに、改めて気付かされました……

さて、家への帰りに駅で降り、バス停に向かう途中のことです。

駅前の信号機のある横断歩道の端に、ほんの少し引っかかってクルマが止まっていたのです。

運転者であろう男性が一人、歩道に上がって人を待っている様子でした。

信号が変わって渡ろうとすると、父が、「何だこのクルマは！」と杖で指したのです。

「これは違反だ！」

正論ですが、クルマの後ろが少し掛かっている程度なので避けて渡れば済むことです。

しかし父は「すぐに動かせ！」とその男性に詰め寄ったのです。

私は、「信号が変わってしまうので渡ろうよ！」と肩をたたいて促し、とにかく2人で向こう側に渡ったのですが、父はそこで向き直り、

「さっさと動かせ！　何だその態度は！」と始まったのです。

次に信号が変わったら渡って行きそうな勢い……

私を含む大方の人は〝相手にも事情があること……〟と黙って見過ごし、自分の時間をそんなことのために使いません。

しかし、父のように認知症の症状が出始めた人は「相手の立場に立つ」といった思考が難しくなり、自分中心の判断が全ての価値観へとなっていく……

昔の人はこういった状況を見て「歳を取ったら子どもにかえる」と言ったのでしょう。

最近、人生経験豊かな老人が、突然切れて蛮行を働き話題となりますが、外見上は元気

で一人で出歩けても、裏にはこうした事情がある人もいるのです。

私は、「バス停に早く並んで座ろう」と促し、その場から父を早く引き離そうとしたのですが、道の向こう側の素性もわからない男性に一歩も引かず、〝どうして杖をついている自分が避けなければならないんだ！〟と心底腹を立てている一人の老人を前にして、〝正論に寄り添い、違反をしているあの車を動かすことこそ自分がすべきこと〟と腹をくくったのです。

信号が変わったら、走って行き、

「この人は警察ＯＢです。事が大きくならないうちに動かしてください」

と言おうと心の準備をしていたら……父が横で怒鳴ったのです。

「俺は警察だぞ～！」

その男性も私もびっくり……

クルマは走り去って行きました……父は元銀行員です。

昔はどの町にも怖いカミナリ親父がいて、どこの子どもにも分け隔てなくカミナリを落としたと聞きます。

私が子どもの頃、こうした人の存在はすでに絶滅していたのですが、父は現代のカミナリ親父の役割を果たしている面もあるような気がしました。

ただ、こうしたトラブルに疲れ、母は父と２人での外出をためらうようになっていったのです。

さて、老人と同様に子どもも社会から支えられている存在ですが、根本的に違うのは、不満や理不尽を表明できる力です。

運転免許を返納した父は、横断歩道に引っ掛かって止まっているクルマが違法だと批判できますが、横断歩道の前で待たされている子どもたちは、停車せずに通過していくクルマが〝違法行為をしている〟という認識は無いのです。

超高齢化社会を迎えて、誰もが進む道である高齢者に対する配慮は、不可避な社会的課題だと認知されています。

また、２０００年には交通バリアフリー法が施行され、駅や公共施設は老人や障害者に対する配慮が必須となりました。

老人や障害者を介助して一緒に街を歩き、こうした配慮の状況を確認することはとても重要です。

そして、老人や障害者が自分の力で出歩きやすい社会を作っていくことは、介助者自身の「将来の自分事」でもあるのです。

これに引き換え、子どもは一緒に歩く大人にとって「将来の自分事」とはなり得ません。

しかも、変化の激しい現代社会の中において少子化で圧倒的に数は少ない上に、意見を言う力が非常に弱い存在なのです。


だから、子どもと一緒に街を歩くことは大事なのです。

子どもにこそ、寄り添って意見を代弁できる弁護士が必要なのです。

第4章　まとめ

子どもに寄り添うためのバックアップを！


「おつかい」という行為は、ある日突然に子どもに言い渡されたものではありません。

例えば、絵本『はじめてのおつかい』に登場するみいちゃんは、行ったこともないお店に、いきなりおつかいに行かされたわけではないでしょう。

恐らく、お母さんと一緒に歩いて、坂の上のお店に何度も通って、そこでお母さんが牛乳を買うところを横で見て来たはずです。

財布からお金を出して支払い、おつりを受け取り、買ったものを持って一緒に帰って来る……

赤ちゃんをおんぶしているお母さんを手伝って、たまには帰りに、牛乳パックをほんの少しだけ持たせてもらったり……

牛乳パックは幼児にとっては非常に重いものです。

５００ミリリットルでも５００グラム、１リットル入りであれば約１キロの重さがあります。

牛乳パックを持ったこともない子どもに、これを買って来るように頼むのは現実的ではありません。

そうした、経験を十分に積んだ後に、みいちゃんは、ようやく一人でおつかいに行くという冒険に出掛けることができたはずです。

「子どもが一人でおつかいに行く」という行為の裏には、依頼者である大人と一緒に、歩いて買い物に行くといった沢山の経験が必要なのです。

このように「おつかい」に代表される子どもの挑戦の背景には、それ以前に、保護者がかなり手をかけてやる必要があるのです。

絵本『はじめてのおつかい』で、みいちゃんにおつかいを頼むお母さんは、恐らく、専業主婦か赤ちゃんの育児休業中……

息子を毎朝幼稚園に送って行けた私は、定時制高校という変則勤務……

つまり、どちらも子どもと一緒の時間が持ちやすい状況にあったと言えます。

しかし、今そうした状況にある保護者の方は、むしろ少数派ではないでしょうか？

定時制勤務時代の私自身も、育児者として決して余裕があったわけではありません。

出勤こそ昼過ぎでしたが、夕食は学校の給食を食べ9時頃まで授業。

その後、クラブがありました。

体育館で汗を流すとお腹が空きます。

途中のラーメン屋さんの灯りの誘惑に負けたり、家に帰ってからの夜食……

すると、日付をまたがないと眠れないのです。

これに対して、息子は日が昇ると目を覚ます完全な野生児でした。

彼にとって「絶好の遊び相手」である私は、夏であれば4時台に、彼の小さな指で瞼をこじ開けられて目を覚ましたものです。

つまり、私の睡眠時間の犠牲のもと、息子との時間は確保されていたのです。

先日、内閣人事局から、令和2年4月～6月に子どもが生まれた男性国家公務員の育児休暇・休業取得率が99％になったと発表されました。

また、日本生命や積水ハウスのように、民間企業でも男性の取得率１００％の達成が伝えられています。

（［PR］一週間の育休で、男性社員と企業の意識はこう変わる：日経xwoman（nikkei.com））

こうした流れは歓迎すべきですが、この育児休暇・休業は大方乳児期（0歳児）までのものであり、私が〝寄り添う時間が必要だ〟と考える幼児期のものではありません。

子どもがおつかいという成長の場を失い、地域社会との距離が開いてしまった今、自分の足でこの距離を埋めて成長して行けるように、子どもに寄り添う……

つまり、「幼児期の子どもに寄り添う目的の休暇制度」の必要性を強く感じるのです。

子どもたちは、おつかいを失ったことにより、単に、背伸びをしてチャレンジをする機会を失っただけではないのです。

おつかいに行けるようになるまで、大人に寄り添ってもらっていた時間をも失ったのです。

目的は「小学校まで行けるように」や「自転車に乗れるように」と変えてでも、子どもたちと社会との距離を埋める取り組みに、意識して保護者が寄り添える時間を確保する……

その取り組みへの、社会的な後押しが必要だと思うのです。

近所の個人商店で買い物を済ませていた時代は、大人が近所を日常的に歩いていたということです。

その道を、子どもたちが日々、学校へ歩いて通っていたのです。

昭和の世界である『サザエさん』一家も、全員が歩いて出掛けます。

そのことは、全員がカツオ君やワカメちゃんの通学路を、日々点検しているのと同じです。

登下校の途中で、子どもたちは歩いている大人とすれ違い、時には、お店の前を通り過ぎていく……

すれ違う近所の大人や、お店の人に無意識に見守られて……

そして、家に帰ればおつかいに行って、お店の人と消費者として取引を実体験したのです。

つまり、子どもがおつかいに行っていた当時は、地域の人々が普段の生活を営むことで、意識せずとも、子どもの成長をみんなで見守っていた社会なのです。

逆に言えば、今の社会は子どもの成長を地域で見守る仕組みが欠落してしまった状態と言えます。

かつて、子どもをおつかいに出すことができたのは「近くにお店があったから」という物理的な理由だけでなく、おつかいに送り出す側の大人に、〝未熟な子どもを一人で行かせても大丈夫だ〟という「地域社会の第3者への信頼」が根底にはあったはずです。

地域社会での見守りシステムが脆弱化した今、そこに踏み出す子どもたちの不安は大きくなり、子どもを送り出す保護者の心理的な負担も、一気に増大しています。

そうした不安が、絵本『はじめてのおつかい』を怖い話と感じさせているのではないでしょうか？

近所にお店は無くても、子どもと歩くことによって、たとえ1人でも、挨拶を交わせる間柄の人をつくれたら心強いことだと思いませんか？

そのためには、保護者が幼児期の子どもとのんびり近所を歩ける時間を確保する必要があります。

そこに社会的なバックアップ制度が必要だと思うのです。

その後、保護者に代わって子どもたちの伴走者となる教師についても同じです。

本当の意味での「働き方改革」を進めなくてはなりません。

文部科学省や各地の教育委員会には「何が本当の先生の仕事なのか?」きちんと整理をして欲しいです。

本来の教師の仕事ではないものから教師を解放しなくては、その余裕は生まれません。

また、一見素晴らしいと思えそうな行為も、『子どもの権利条約』に照らし合わせて、「やるべきではないこと」「やってはいけないこと」といった判断をきちんと示し、保護者や地域社会から寄せられる過大な期待から、教師を守ることを切に望むのです。

そうすれば、教師は子どもたちに挑戦の場を準備する余裕を得るでしょう。

おわりに

今の世の中は、絵本『はじめてのおつかい』が出版された昭和の時代とは様変わりしています。

歩いて行ける近所の個人商店は、次々に無くなっていきました。

私が小学生時代におつかいに行った、実家近くの豆腐屋さん・パン屋さん・肉屋さん・八百屋さん・クリーニング屋さんなどは、全て店をたたんでしまいました。

また、私が娘を自転車の後ろに乗せてビールを買いに行っていた酒屋さんも閉店し、私の晩酌は、スーパーでの箱買いへと変化していきました。

各家庭には大きな冷蔵庫が普及して、買い物はスーパーなどでまとめ買いをする。沢山の物を運べるように、買い物には自転車かクルマで出かける……

つまり、大人の買い物は、子どもが簡単に真似のできないレベルの行為になってしまったのです。

このようにして、子どものおつかいは消滅していきました。

都会には、まだ駅前商店街が残っていたりします。

そういった場所では、今も子どものおつかいが残っている可能性もありますが、全国的に見たら、これはほんの少数でしょう。

今の子どもたちは、生活の中で保護者と何かを繰り返し行い、挑戦する1つの場を失いました。

そして、地域社会からの温かい視線も……

子どもがおつかいに行っていた時代は、ご近所みんなが歩いて近所の商店街で買い物をしており、地域社会に「同じ釜の飯を食う」と似た共同意識があったように思うのです。

かたや現代は「外で遊ぶ子どもの声がうるさい」との苦情がネット上にあふれていたりします。

かつては生活の中の音であった子どもの声を〝うるさい〟と感じさせてしまっている背景は、子どもを見つめる地域社会の目の変化ではないでしょうか?

少子化で身近に子どもがいない生活が普通になった今、子どもの立場に立てる大人の絶対数が減ってきたのです。

そして、自然と子どもに対して「小さな大人」であることを要求する大人が増えて行った……そんなように私は感じるのです。

そうした要求の声が大きくなると、保護者は萎縮せざるを得ず、子どもの周りから挑戦の機会を排除していくことになります。

子どもに失敗をさせないように……

自分が批判を浴びないように……


子連れで電車に乗ることについて、知人の女性がこんな本音をもらしていらっしゃいました。

> 現在居住している愛知県豊橋市から、実家の岐阜市に帰省する際に、クルマを使うか電車を使うかいつも悩みます。
> 名鉄電車1本で行けるため、電車での利便性が高く、出産前は毎回電車を利用していました。
> 一方、産後は圧倒的にクルマを選択することが増えています。
> 子連れで長時間（1時間半程度）電車に乗ることがとても大変だというのが大きな理由です。
> じっとしていられなかったり、泣いたりしゃべったりするため、周囲の目がどうし

ても気になってしまうのです。「電車内では静かに過ごさなければいけない」「他の利用者に迷惑をかけてはいけない」という圧から解放されるだけで、ずっと電車の選択率があがるのに……と思います。

子連れ歓迎車両などあれば嬉しいですが、なかなか難しいのでしょうか。

子育て中の女性にとってクルマに軍配があがるのは、公共交通機関の要求するマナーに応えられないというミスマッチもあるかもしれないなと思いました。

社会が子どもに対して「小さな大人」であることを要求する圧力が、彼女を委縮させていることがよくわかります。こうして子どもの挑戦の場が狭められていくのです。やがて、子どもが学校に行きだすと、子どもに対して「小さな大人」であることを要求する圧力は、教師に向けられます。その結果、転ばぬ先の杖として、学校からも挑戦の場が排除されていくのです。

物理的におつかいを復活させることは難しいとしても「子どもの成長を地域で見守る意識」の復活には取り組むべきだと思うのです。

保護者と教師だけに次世代の育成を委ねている現状は、非常に酷です。

少子化の時代となった今日、障害者・老人・性的少数者などと同様に「子どもとはなにか?」を啓発するメッセージや、学び直しの機会が必要ではないでしょうか?

今の社会は〝子どもを子どもとして捉えて、その成長をゆったりと見守る仕組み〟が欠落してしまいました。

見守らない代わりに、徹底的に危険を排除して大人にとって都合のいいように動かしている……その根底には人々が「子どもとはなにか?」を忘れてしまっていることがあるように思うのです。

『こども家庭庁』の創設が決まりましたが、私は、この部分で大きな役割を果たしてくれることを密かに期待しています。

しかし、『こども家庭庁』が全てを担えるとも考えてはいません。

子どもが利用すると考えられる事業体の運営者(鉄道会社等)も、一緒になって世論を醸成して欲しいのです。

例えば、公共交通機関に子連れで乗る姿が減少した今、子どもを連れて乗る時のマナーの継承もすたれているように思うのです。

これが、一般客からの厳しい視線の一因になっていると私は考えています。

こんな出来事がありました。

土曜日の午前中に私が乗っている電車の車両に、乳児を抱っこ紐で抱え、幼児を連れたお母さんが乗って来たのです。ガラガラの車内は、向かいの７人掛けロングシートに誰も座っておらず、そこの真ん中に赤ちゃんを抱っこしたお母さんが座り、両脇にクリクリの目をしたかわいい幼児が２人、お母さんに抱き上げられて座りました。その何とも平和な光景に心を和ませ、思わず私は笑顔でお母さんと目礼を交わしたのです。

そのうち幼児２人はジッとしていられず椅子の上に立ち上がったのです。履いている靴のまま……

そして、窓の外側の景色を眺めるために立膝で座りました。

私が子どもの頃は、椅子の上に上がる時は靴を脱いだものです。

脱いだというか……脱がされたのです。

「脱ぐのが嫌なら、窓の外は見られない」それがマナーでした……

靴を脱がすと、下車時に履かすのは、親にとっても面倒なことだったはずですが、そうしたことを私の親の世代はやって来ましたし、私も親としてやってきました。

しかし、こうした乗車モデルは、子連れの乗客の絶対数の減少によって、すっかり目にしなくなってしまったのです。

私は、そのことをお母さんに伝えるべきか……車内で迷いました。

しかし、結局伝えなかったのです。

実は、その親子は明らかに外国の方で、私が聞き取れない言語で親子の会話がなされていました。

その母親に、私が降りるまでにきちんと伝えられるか……自信が無かったのです。

ただ、そのことを告げずに降りてしまったことを、今も私は後悔しているのです。

知らないということが原因で、〝今の親は非常識だ〟とか〝外国人は困ったものだ〟などといった短絡的な視線に彼女一家を晒してしまったのでは？　と……

「子どもを連れて公共交通機関に乗る時に、どのようなことに気を付けるべきか？」

是非、鉄道会社にも、数ある乗車マナーの啓発項目の1つに加えて頂きたいのです。

このように、子どもに付き添う保護者や教師が〝知らないこと〟〝気付かないこと〟による、社会的なトラブルの種を排除していく努力が各方面で求められると思うのです。

子どもたちは「小さな大人」ではありません。

彼らの周りから、いわれのない圧力を避けるために、保護者や教師が挑戦の機会を徹底的に排除するのではなく、周りの正しい認識を醸成することで、挑戦の余地を残す後押しをして欲しいのです。

生活の中でも小さな挑戦は準備が可能です。

その挑戦を周りの大人が温かい目で見守る……

私が本書を通して唱える「子どもたちがおつかいに行ける社会」とは、そんな社会なのです。

子どもが地域社会の温かい目に守られて、自らの能力に応じた挑戦の場が与えられ、自分の意思で伸び伸びと力を伸ばしていける……

そんな機会を準備するのが、彼らに対する「育つ権利」の保障なのです。

そして、「参加する権利」は、準備した挑戦をやるかやらないかの選択を、子どもたちに委ねることで保障するのです。

参加することを選択した子どもたちの挑戦を、温かい目で見守ることは、子どもの成長を後押しするだけでなく、きっと勇気や希望をもらえるはずです。

私は地域の人々から温かい目で見守られて育ちました。

長沢団地バス停前の八百屋さんや豆腐屋さんやパン屋さん……

教師となり親となって、子どもたちに数々の挑戦の場を提供してこられたのも、周りの多くの人々の援助が欠かせないものでした。

今の子どもたちにも、そういう環境で育って欲しい……

そのために、今度は子どもたちを温かい目で見守りつつ背中を押す第3者の役割を、しっかりと果たして行こうと思うのです。

そしてまた、どこかで絵本『はじめてのおつかい』を読み聞かせをしたいのです。

ホッコリと心温まるお話として……

※絵本『はじめてのおつかい』とTVアニメ『サザエさん』のエピソード等の使用に関して、快く許諾をいただいた上に、温かいお言葉を掛けてくださった福音館書店様と筒井頼子様、フジテレビご担当様、そして出版側として交渉に当たってくださった幻冬舎ルネッサンス新社の金田優菜様に、心より感謝を申し上げます。

あとがき

２０２０年９月２日、出勤した朝の職員室で妻からの電話を受けました。

「父が呼吸をしていない」という連絡があったと……

その瞬間、私は父の死を悟りました。

延命措置は希望していなかったので……

父は２０２０年３月、日本中の学校がコロナ禍で一斉休校になるのと時期を同じくして、施設に入所しました。

三重県立高校の教諭として働いていた私は、関東地方で感染症を拾って来ては迷惑を掛けるので、２月を最後に毎月の神奈川への実家掃除に行くのをやめました。

父が入所した施設も面会禁止となっていたので、危険を押して行ったとしても会えるのは実家に暮らす母だけですので、夏休みも帰らずじまいのまま９月を迎えたのです。

９月３日から１週間、神奈川に行って父を荼毘に付しました。

役所などの諸手続きをして、父の葬儀は、〝コロナが落ち着いたら……〟ということで、そのまま実家にお骨を置いて三重に帰って来て仕事を続けました。

でも、どうしても心の引っ掛かりが取れなかったのです。

葬儀もせずに父の遺骨を実家に置きっぱなしにしていることに……

我が家の墓は三重県伊勢市にあるのです。

そこに親戚を集めて葬儀をするなどいつのことになるかわからない……

県境をまたいで遺骨を取りに神奈川へ行くことさえ憚られる状況で、私は決意したのです。早期退職を……

教育公務員を辞めてしまえば、県境をまたいで関東に行こうが自由です。

こうして私は定年まで2年を残して、２０２１年3月末をもって、36年間続けてきた教育公務員生活にあっさりと終止符を打ったのです。そして、父の遺骨を取りに行き、結局、コロナ禍の出口は一向に見えないため、5月に三重県にいる家族３人だけで葬儀を行い、父を伊勢の墓に鎮めました。

さて、これで心の引っ掛かりは取れたのですが、毎日ブラブラと家の片付けをして過ごしていたところに、大学の先生から手紙が届いたのです。私の教育実習の指導教官だった方です。

私が職場で不定期に出しているエッセイ風の読み物を、報告がてら毎年1年分まとめて送っていたのですが、その最後の1年分に添えて退職の挨拶を送った……そのお返事でした。

その中で先生は「本を書いてみてはどうか？」と勧めてくださったのです。

自分にそんな力があるのか？

半信半疑でしたが、試しに私が書いてきたエッセイ風の文章を出版社に送ってみたところ、「やってみませんか？」という電話が掛かって来たのです。

幻冬舎ルネッサンス新社の尾崎遼介さんという方でした。

よく聞くと、自費出版提案なのです。退職金のかなりの額をつぎ込まなくてはなりません。

素人が、書店に流通する本を出すなんて……かなりのお金が必要だとは思うのですが、私には、そんなことをしてまで世に訴えたいという命題も動機も無いのです。

はっきり言って、断るつもりでした。

でも、熱心に誘ってくださるので、オンラインでのミーティングをすることに……

ミーティング後も、断るという気持ちは変わりませんでしたが、その後、送られて来た『提案書』を見て心が揺れ出したのです。

私の著書の仮題が『子供がおつかいに行ける社会』と記されていたのです。

何て素敵な題！　〝やってみたい〟という気持ちが芽生えたのです。

ただ、大金をつぎ込んで……果たして私が1冊の書籍を書き切ることができるのか？

不安になって、勧めてくださった大学の先生や、著書を出した経験をお持ちの知人に相談したところ返って来た言葉は、いずれも私の背中を優しく押してくださるものでした。

ただ、一番身近にいる妻の反応は芳しくありませんでした。

「反対はしません。反対してもどうせやるんでしょ！」と……

尾崎さんに話すと、「家族の反対に遭うのは普通です。むしろ〝反対しない〟と言ってくださるのはありがたいことですよ！　やりましょう！」と……

2021年7月1日、私は尾崎さんが提案してくださった題の「子供」を「子ども」という表記に直し、1冊の本を書くという課題に取り組み出したのです。

提示された命題に向かって1冊の本を作り上げていく……

宇宙旅行と同様に「本を出す」という体験を、お金を出して買ったのです。

もともと文章を書くことは好きなのですが、一時期は本当に苦しみました。

ここには書きませんが、契約の半金を払ってやめようと何度思ったことか……

この本には、子どもとしての私、親としての私、教師としての私、そしてそれを支えてくださった沢山の方々が登場します。ここにご紹介したのは、ほんの一握りの方々にすぎず、実際には本当に沢山の人々の後押しがあって今の私があり、この本が世に出ることになったのです。

私に関わってくださった全ての方々に、この場をお借りしてお礼申し上げます。

コロナ禍の中、父が亡くならなければ、今も私は教育公務員を続けていたことでしょう。つまりこの本は、父から最後に与えられた人生の課題だったように思えるのです。出来の如何に関わらず、〝やりとげました〟と父の墓前に報告したいと思います。

拙著に最後までお付き合いいただき、ありがとうございました。

著者紹介

神田厚 (かんだ あつし)

1963年、東京都葛飾区生まれ。世田谷区立山崎小学校・川崎市立生田小学校・生田中学校・神奈川県立百合丘高等学校を経て、85年、中央大学商学部経営学科を卒業。以後36年間、東京都と三重県の公立高校に商業科教諭として勤務(池袋商業・津実業・みえ夢学園・津商業・北星)。簿記教育・環境教育とバドミントン部の指導に傾注。

日本女子大学(通信制)・放送大学にて家政学を学び、95年、家庭科教員免許取得。

96年に太陽光発電・太陽熱利用・雨水利用の低環境負荷自宅を津市に建て居住中。

98年、「平成10年度環境教育担当教員講習会」(現・文科省)修了。

99年度、津市立修成幼稚園PTA会長。この年から19年間、同園の環境教育に関わる。

03・04年度、三重大学非常勤講師(総合教育科目「環境問題(G)」の汚水処理分野を担当)。

13年、特別支援(知的・肢体・病弱)教員免許取得。

20年、外国語(中国語)教員免許取得。

幻冬舎ルネッサンス新書　255

子《こ》どもがおつかいに行《い》ける社会《しゃかい》
「挑《ちょう》戦《せん》の機《き》会《かい》」を守《まも》る教《きょう》育《いく》を！

2022年7月13日　第1刷発行

著　者　　神田厚
発行人　　久保田貴幸

発行元　　株式会社 幻冬舎メディアコンサルティング
〒151-0051　東京都渋谷区千駄ヶ谷 4-9-7
電話　03-5411-6400（編集）

発売元　　株式会社 幻冬舎
〒151-0051　東京都渋谷区千駄ヶ谷 4-9-7
電話　03-5411-6222（営業）

ブックデザイン　田島照久
印刷・製本　中央精版印刷株式会社

検印廃止

Printed in Japan
ISBN 978-4-344-94044-4 C0237
幻冬舎メディアコンサルティングＨＰ
http://www.gentosha-mc.com/